Las buenas maneras

MANUAL MODERNO DE ESTILO

Edward Cyster
Francesca Young

Las buenas maneras

MANUAL MODERNO DE ESTILO

EDICIONES PIRÁMIDE

COLECCIÓN «LIBRO PRÁCTICO»

Traducción: A. Sandín

Título original: *Teach Yourself Etiquette and Modern Manners*

Diseño de cubierta e interiores: Anaí Miguel

Juan Ignacio Luca de Tena, 15. 28027 Madrid
Teléfono: 91 393 89 89
www.edicionespiramide.es
Depósito legal: M. 15.127-2010
ISBN: 978-84-368-2377-6
Printed in Spain
Impreso en Lavel, S. A.
Polígono Industrial Los Llanos. Gran Canaria, 12
Humanes de Madrid (Madrid)

ÍNDICE

AGRADECIMIENTOS

DEDICATORIA

Para Mónica, Winston, Sandra, Stephen y Nicola, quienes nunca serán las personas más correctas del mundo, pero sí las más queridas.

RECONOCIMIENTOS

Es necesario dar las gracias a los amigos y a la familia de los autores por su apoyo constante y su puesta en práctica de la etiqueta en el mundo real: a Sara McCorquodale y Sonia Dzivane por la inspiración y las incontables palabras de ánimo; a Rachel Boyd por su inestimable formación sobre las relaciones y la amistad; a Anna Burdon-Cooper por estar siempre al otro lado de unas conversaciones por teléfono móvil muy correctas; a Ben Johnson por sus clases magistrales sobre cómo apreciar el shushi; a Vivienne Blackstone por sus provisiones de helado a media noche; a Monica Young por ver la calma después de la tempestad; a Nicki Manomaiudom y Elena Andreicheva por perdonarnos siempre las tardanzas; a Sarah Harding y Sandra Higgings por su infinito conocimiento sobre todo, desde las barbacoas a las obligaciones en la oficina; a Nicola Young por cambiar siempre lágrimas por sonrisas; y a James Fisher, sin el cual los autores nunca se habrían conocido, ni habrían tenido conversaciones tan educadas ni hubieran escrito un libro.

INTRODUCCIÓN

Ya no es necesario que un hombre extienda la gabardina sobre un charco para que pase una dama sin mojarse los pies o, para una mujer, saber la dirección y ángulo en los que tiene que cruzar las piernas al sentarse. Hoy en día, con el campo minado que suponen los blogs, los líos en la oficina y otras «maldades» que harían sonrojar a nuestra abuela, hace tiempo que es necesario actualizar y poner al día el manual de las sutilezas sociales.

En el mundo occidental nos expresamos con rapidez y con una informalidad casi forzada. Esto, sin embargo, no excluye automáticamente a sus habitantes de practicar las buenas maneras; de hecho, son precisamente las condiciones de este mundo las que lo hacen necesario: las buenas maneras son siempre más apreciables y apreciadas en entornos donde normalmente no se practican.

Además, existe todo un catálogo de formas de vida, orientaciones sexuales, aficiones o hábitos de alimentación que conllevan ilimitadas oportunidades de ofender a alguien inintencionadamente.

Para empeorar las cosas, el rápido y repentino crecimiento de las tecnologías deja al «bloguer» diario sin un código formal de etiqueta en la Red. Desgraciadamente, el iPod no viene con un manual de buenas «iManeras» incluido. Los teléfonos móviles son indispensables hoy en día, pero, ¿cuándo es más apropiado enviar un mensaje que hacer una llamada?

La mayoría de nosotros sabemos cómo comportarnos, que debemos ser amables y no atracar a las ancianitas, no dar patadas a los gatitos ni «ventosearse» en un espacio cerrado. Pero eso es lo fácil. ¿Qué hacemos con los palillos chinos cuando hemos terminado de comer? ¿Está bien enviar una nota de agradecimiento por email o, incluso, por un mensaje instantáneo? Algunos pensarán que todo esto representa el declive de la sociedad civilizada; sin embargo, otros creerán que las buenas maneras y las normas de etiqueta están cambiando con el desarrollo de la tecnología y las nuevas expectativas sociales. Habrá ocasiones en las que será imposible agradar a todo el mundo, pero este libro estandariza las normas modernas de etiqueta, ofreciendo unas bases con las que, siempre que sea posible, ser inofensivo para la mayoría en los principios del siglo XXI.

Ética y etiqueta se confunden frecuentemente, y además con razón, ya que están profundamente entrelazadas. Las normas de etiqueta se aprenden normalmente como parte de las normas éticas, como muestra de respeto. Sin embargo, hay una diferencia evidente entre las dos: la primera tiene todo lo bueno y la segunda su apariencia. Llevar a cabo las enseñanzas de este libro no le libra a uno de descender al infierno y hacer maldades, eso sí, cuidando los modales al bajar las escaleras, pero es un buen comienzo.

En los próximos capítulos encontrará asesoramiento sobre una serie de temas que incluyen, por citar algunos ejemplos, desde cómo dar una buena primera impresión, cómo llevarse bien con los compañeros de trabajo, cómo compartir piso con éxito, las normas de etiqueta de la tecnología moderna, tales como escribir correos electrónicos o mensajes de móvil (SMS), hasta las normas modernas para las citas o cómo ser un buen anfitrión.

Es necesario recordar que, no obstante, esta obra no trata de establecer normas estrictas. Es simplemente un recordatorio para aquellos que se preocupan por ser considerados y respetuosos, sin tener que esforzarse en inventar su propio método. Es la manera cómoda de ser perfectamente educado en todo momento.

1

PRESENTACIONES

En este capítulo aprenderá cómo debe:

- Presentar a dos o más personas.
- Enfrentarse al problema de olvidar un nombre.
- Estrechar la mano o besar.
- Comportarse en eventos para establecer nuevos contactos.

1.1. EL VALOR DE UNA BUENA PRESENTACIÓN

Se encuentra usted junto a un grupo de personas. Despacio, se acerca hacia la única persona que conoce y el grupo se gira hacia usted y le saluda con alegría. Después, continúan con el chiste/historia/cotilleo/conversación gris que su llegada interrumpió. Usted no ha sido presentado. Los del grupo le miran furtivamente con curiosidad pero, desgraciadamente, sin una presentación usted casi no existe, siendo sólo un objeto más de la habitación, casi como la preciosa lámpara que cuelga del techo (si tiene suerte de que le miren bien) o como la alfombra (si no tiene esa suerte).

Con una adecuada presentación usted hubiera brillado y se hubiera unido al grupo con su propio comentario sobre cómo estaba el tráfico al ir hacia allí, o, incluso, se hubiera sentido lo suficientemente cómodo como para empezar con su chiste sobre el tío/camello/cura que se estaba muriendo por contar. Pero, tristemente, no ha sido así.

La importancia de las presentaciones no reside sólo en facilitar un nombre. A nadie le importa su nombre, a no ser que sea enormemente inusual, en cuyo caso le serviría para empezar una conversación. La mayoría, por muy descortés que sea, lo olvidará casi inmediatamente. Una presentación, en esencia, es el método aceptado por el cual la persona que presenta, y que conoce a las dos personas que van a ser presentadas, responde del carácter de los presentados por su relación con ellos o por su conocimiento previo. El nivel de entusiasmo que ponga el «presentador» es un indicativo de la relación entre él y el recién llegado, así que si es usted al que le «toca la tarea» hágalo con ganas. El recién llegado estará encantado con que usted le tenga en tan alta consideración, y la persona a quien se lo presenta pensará inmediatamente que es alguien a quien merece la pena dedicar tiempo y conversación.

1.1.1. Cuando el «presentador» se olvida de presentar

En ocasiones, el intermediario se olvida de presentar. En este punto, si usted es amigo de dicho intermediario lo mejor que puede hacer es, en voz alta y bromeando, obligarle a presentar al recién llegado. El intermediario debería, en tal caso, disculparse categóricamente por su mal comportamiento y esforzarse por incorporarle en la conversación.

1.2. CÓMO PRESENTAR A ALGUIEN

Cuando presentamos a alguien, el nivel de formalidad dependerá, inevitablemente, de las circunstancias en las que esa presentación tiene lugar. No obstante, se pueden aplicar unas reglas generales a cualquier situación.

Cuando presente, trate de no mascullar o mirar hacia otro lado. Da la impresión de desinterés y resulta difícil de entender.

El momento es importante. Espere a la primera pausa disponible para presentar a alguien. En cualquier caso, interrumpa siempre su propia charla para hacerlo. De hecho, siempre y cuando no esté a punto de contar el agudo final de un chiste largo, es el momento perfecto, ya que dará la impresión de que el placer de presentar al recién llegado le importa mucho más que cualquier punto trivial sobre el que pudiera estar charlando.

Las conversaciones tienen una manera muy práctica de ir más despacio de forma natural cuando parece que va a haber una presentación inminente; sin embargo, si no ocurre así, trate de no interrumpir a otra persona para presentar a alguien. En vez de eso, espere a una pausa y láncese con seguridad con un: «¿Conoces a Pedro Pérez?».

En el mundo moderno, en la práctica común, al presentar se usa o bien el nombre de pila sólo o el nombre y el apellido. Esto es plenamente aceptable. Pero en una situación formal, cuando se presenta a alguien mayor o que está en una situación de poder, es más prudente presentarle como Señor, Señora o Señorita Pérez, y dejarle a él o a ella que haga los ajustes que prefiera. En caso de duda, peque de formal y hágalo con confianza. Mejor pasarse de prudente que de mal educado.

Las parejas casadas deben ser presentadas individualmente, aunque se puede añadir el detalle de: «es la mujer de Pedro» o «el marido de Ana».

Cuando presente a un familiar o amigo íntimo, trate de incorporar esa relación a la presentación, por ejemplo: «Ana, ¿conoces a mi hermana Raquel?».

Tradicionalmente, se presentan en primer lugar los hombres respecto a las mujeres, así como los más jóvenes respecto a los de más edad. Además, si A es presentado a B, el nombre de A va en segundo lugar en la presentación; por ejemplo: «B, me complace presentarle a A». Socialmente, en un entorno formal o si se encuentran personas de generaciones anteriores, la gente suele utilizar esta norma. Sin embargo, en la actualidad las presentaciones se realizan considerando a las dos personas como iguales, incluso si sólo se aparenta, sin tener en cuenta la edad o el género. Para el protocolo de las presentaciones en los negocios, vea la página 48.

Intente por todos los medios recordar los nombres. A nadie le gusta ser olvidado, incluso aunque sólo hubieran coincidido hace cinco años durante tres segundos y ciegos de alcohol. Si alguien se acuerda de usted, sería ofensivo que usted no se acordara de él. Si es usted olvidadizo, tenga entrenados a su pareja y a sus amigos en el arte de reconocer sus momentos de desasosiego ante estas situaciones, por ejemplo utilizando alguna palabra clave que les haga saltar al rescate presentándose ellos mismos y forzando una autopresentación de la otra parte. Si eso falla, «bluff». Si debe usted presentar a alguien cuyo nombre no conoce, ponga un entusiasmo moderado, por si le descubren, y opte por el «¿Conoce a [insertar nombre aquí]?» en un solo sentido. Si aun así le pillan, finja senilidad precoz, alguna enfermedad o haber tenido un día horrible en el dentista/trabajo/casa. Si no recuerda ninguno de los nombres de las personas a las que tiene que presentar, escape de la conversación inmediatamente antes de que se vea obligado a hacer alguna presentación.

Asimismo, trate de recordar algo sobre la persona a la que va a presentar, algún detalle que pueda utilizar para empezar la conversación entre las dos personas. Sirve casi cualquier cosa: sus hobbies, dónde vive, en qué trabaja, a quién conoce o si ha tenido dificultades para llegar al evento.

La gente saca conclusiones de los demás desde el primer segundo en el que los conocen. Por supuesto, las primeras impresiones pueden cambiarse con tiempo y un mayor conocimiento, pero lo más probable es que si su primera impresión no es positiva seguramente no haya tiempo después para cambiarla. Levántese, cuide su postura, mire a los ojos y sonría. Estas respuestas a una presentación ofrecen a la otra persona la idea de que le interesa, de que está preparado para incluirle en su conversación o de que le incluyan a usted, y de que le considera como a un igual, cualidades todas consideradas como de buena educación.

1.3. ¿ESTRECHAR LA MANO O BESAR?

Dependiendo de las circunstancias, tanto un beso como un apretón de manos pueden ser apropiados, aunque a menudo acabemos comiéndonos el pelo de alguien o dando la impresión de una formalidad forzada. Unas buenas habilidades observadoras y unos rápidos reflejos son el único método a prueba de errores; sin embargo, socialmente existen algunas pautas que se exponen a continuación.

Cuando un hombre saluda a otro, deben estrecharse la mano en los dos primeros encuentros y posteriormente evitar totalmente este ritual. Si hay mujeres implicadas, el saludo se hará por medio de un apretón de manos en el primer encuentro, y en los siguientes se darán uno o dos besos, según se prefiera.

Hay tal diversidad de culturas, incluso dentro de un mismo país, que es casi imposible acertar siempre. Aunque se acierte a la primera, quizá la otra persona haya tenido que adaptar sus hábitos regionales o nacionales a los de usted. Como quiera que sea, dar besos al aire resulta siempre muy impersonal, así que apunte bien a la mejilla.

Los hombres no deben nunca insistir en besar en el primer encuentro. Ofrezca la mano y deje que sea la mujer quien le acerque para besarle si ella lo prefiere. En algunas circunstancias, las mujeres se sienten cómodas para besarse entre ellas desde el principio. La única regla verdadera es no ofenderse si su idea de un saludo adecuado no ha sido la elegida. El espacio personal es una idea subjetiva, y los círculos imaginarios que trazamos a nuestro alrededor no son siempre del mismo tamaño. Tenga esto en cuenta y juzgue la situación de acuerdo con ello.

En el caso de encontrarnos en un grupo o situación que no nos sean familiares, siempre es mejor imitar lo que hacen los demás. Los modales modernos consisten en encajar y en no montar una escena. Observe si la costumbre en el grupo es besarse o darse la mano, y prepárese para un tratamiento similar.

1.4. EL APRETÓN DE MANOS PERFECTO

Mucha gente considera que el apretón de manos es un indicador de la personalidad. Estreche la mano violentamente o apriete demasiado y será tachado de agresivo; extienda una mano floja y le considerarán débil; dé un apretón demasiado largo y tendrá el riesgo de parecer irritante y pegajoso. Por supuesto, estreche la mano de forma agradable, normal, y se esperará que usted sea, pues eso, normal.

Para un apretón de manos normal:

1. Asegúrese de que no tiene las palmas de las manos sudadas; si es necesario, límpieselas rápida y disimuladamente antes de dar la mano a alguien.
2. Póngase de frente a quien esté dando la mano.
3. Utilice la mano derecha (la única excepción a esto es que no exista la mano derecha).
4. La parte de su mano que hay entre el pulgar y el índice debe tocar la misma parte de la mano de la otra persona (véase la figura 1.1).
5. Apriete de forma parecida a como cuando lo hace en el momento de aplastar una lata de refresco vacía con la mano.
6. Sacuda entre una y tres veces.

Si se encuentra con un apretón de manos «no normal», déjese llevar y trate de no hacer ninguna mueca o gesto extraño. Si la persona parece que quiere darle un apretón de manos más largo de lo esperado, no retire su mano antes de tiempo y manténgala hasta que se libere de forma natural.

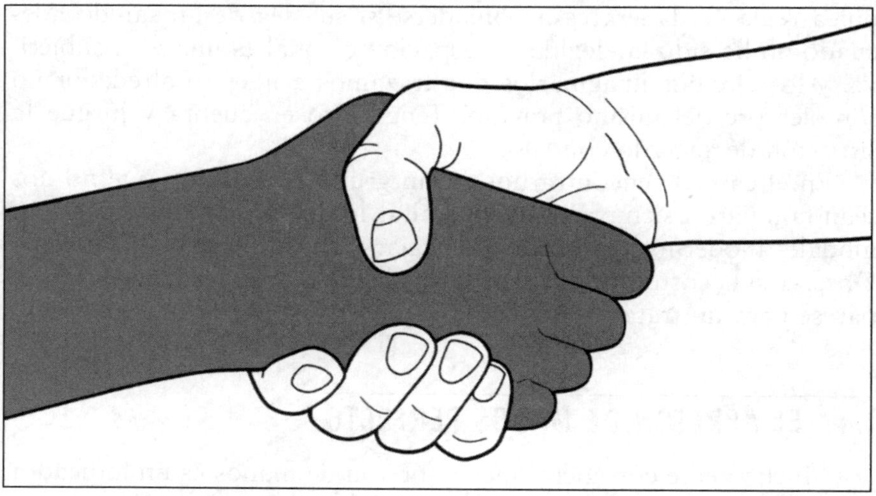

Figura 1.1.—La parte de la mano que hay entre el pulgar y el índice debe tocar la misma parte de la mano de la otra persona.

1.5. EVENTOS PARA ESTABLECER NUEVOS CONTACTOS

En esas situaciones tan temidas que son los eventos para conocer gente o establecer nuevos contactos, siempre hay relaciones públicas específicamente contratados para realizar las presentaciones. No obstante, hay pocos y están ocupados. Preséntese a sí mismo a tanta gente como sea posible. Es para lo que está allí. Estreche la mano y distribuya tarjetas de visita, si las tiene, al principio de las conversaciones para dejar claro su nombre. No tema a nadie y aprovéchese del poder de las etiquetas con los nombres. Usted ha sido invitado al evento, así que está en su sitio.

No se sienta insultado cuando la persona con la que está hablando se excusa brevemente y se da la vuelta para presentarse a otra persona. Él también está ahí para eso.

En estos encuentros, sin embargo, la mejor manera de lograr salir de una conversación es presentar a su interlocutor a alguien a quien ya conoce, y después escaparse. Al contrario que en otro tipo de acontecimientos sociales, en los encuentros para conocer gente está aceptado dejar a alguien solo, pero no está bien hacerlo sin darle una razón. Así que, antes de llegar al evento, prepare algunos buenos comentarios de despedida como «Lo siento, tengo que ir al servicio», o «Voy a pedir otra copa», o «Acabo de ver a [ponga un nombre aquí], voy a intentar charlar con él un poco antes de que se vaya», o incluso «Ya te he robado demasiado tiempo para ser una ocasión como ésta, hay otros a los que tienes que conocer». Haga lo que ha puesto como excusa rápidamente, o por lo menos quítese de la vista de la persona a la que deja, antes de ponerse a hablar con otra persona.

2

EL ARTE DE CONVERSAR

En este capítulo aprenderá cómo debe:

- Elegir un tema de conversación.
- Responder a la pregunta ¿qué tal?
- Salir educadamente de una conversación.

2.1. TEMAS DE CONVERSACIÓN ADECUADOS

Con un poco de suerte, durante la presentación ya le habrán dado pie para iniciar una conversación. Sin embargo, si no ha sido el caso, deberá iniciar la charla usted mismo.

Comience haciendo preguntas. La mayoría de las personas, por su innegable autoridad en la materia, encuentra más fácil hablar sobre ellos mismos y sus experiencias. Tenga cuidado con las preguntas demasiado personales, tales como los problemas de salud o las relaciones de pareja, e inclínese por temas como los lugares en los que se ha estado o de qué equipo de fútbol es. Con estar en el mismo sitio y con la misma gente ya tienen algo en común, así que, si se queda atascado, simplemente comente algo sobre los alrededores y pregúntele si está de acuerdo, o que de qué conoce al anfitrión. Otra alternativa es encontrar algo que admire de esa persona, hacerle un cumplido y pedirle más detalles al respecto.

Trate de adecuar el tono de su conversación a la atmósfera del evento. Si es un acontecimiento sombrío o triste, no hable de su ligue de la noche anterior. Si es una fiesta alegre, no la estropee contando sus sospechas sobre que su mujer le engaña.

Si está charlando en un grupo, intente no centrarse en un tema que interese sólo a unos pocos. Por ejemplo, cuando hable con un compañero de trabajo y su esposa, no se meta en detalles del trabajo que no sean interesantes para ella o que ésta no pueda seguir.

Si durante el transcurso de una conversación toca un tema que claramente hace sentirse incómodo a alguien del grupo, cámbielo inmediatamente y retírese a terreno seguro, como los deportes, las noticias, los alrededores, la ciudad, una película o un programa de televisión, etc. La lista de temas seguros es interminable, pero la de claros temas de riesgo es muy corta.

Intente evitar los siguientes:

- **Dinero.** Hablar de dinero tiende a hacer sentirse a la gente incómoda porque les obliga a pensar si ellos mismos tienen mucho o poco, y a la persona que habla sobre ello le hace parecer obsesionada con el tema, lo cual no es una característica muy atractiva. Nunca pregunte a un extraño cuánto gana ni saque su propio sueldo a examen. Si quiere saberlo, coménteselo a los amigos en privado y si es con un fin concreto, como sería para determinar si le están pagando a usted de menos. No hable sobre la situación financiera de otros, o sobre prestar o tomar prestado dinero. En la mayoría de las conversaciones, la mención del dinero es simplemente un detalle que se puede omitir. Intente por todos los medios evitarlo.
- **Sexo.** Aunque hay muchas personas, particularmente de las generaciones más jóvenes, que se sienten cómodas hablando de sexo en público, hay muchas otras que lo encuentran ordinario. Dado que es un asunto muy privado, puede que lo que usted considere normal otros lo encuentren repulsivo y viceversa. Además de no tocar el tema del acto mismo, también es prudente no tocar el del adulterio (el suyo propio o el de terceras personas), ya que nunca se sabe en qué andan los que le están escuchando, o incluso quién conoce a quién.
- **Operación quirúrgica reciente o problemas de salud.** Hay muy pocas personas en el mundo a las que verdaderamente les interese el procedimiento quirúrgico de la extirpación de un uñero. Tampoco hay nadie cuyo deseo más profundo sea conocer los síntomas de su última gripe. Cualquiera que sea la enfermedad, si usted inicia esa conversación hará que su contertulio no tenga ganas de comer durante el resto del día. Si ha estado usted notablemente enfermo recientemente, res-

ponda a las preguntas sobre su salud con comentarios positivos, tales como «No muy bien últimamente, pero ya me estoy recuperando».

Sea cauteloso cuando hable de lo siguiente:

- **Política.** Aunque los debates sean muy animados, es necesario recordar que el acto de votar es un proceso deliberada y minuciosamente secreto, y para mantener el espíritu de esa tradición algunas personas no desean revelar de qué lado político están. Estas personas son sumamente conscientes de que declarándose ferviente seguidor de un partido político se revela mucho de uno mismo, ya que es muy probable que su forma de pensar se refleje en su voto. Además, puede dar pistas sobre cómo ha sido educado, lo cual es una información personal que puede que prefiera no compartir. Tenga en mente esta reticencia, y recuerde que aunque algunos defienden ferozmente su postura política, hay otros que aborrecen este tipo de enfrentamientos.

  Si usted está desesperado por un debate intelectual, puede intentar sacar este tema de conversación entre amigos cercanos que sean conscientes de que se trata simplemente de un debate y no de un juicio a su carácter. Sin embargo, en compañía de personas con las que se está menos familiarizado, hablar de política es demasiado personal para una simple charla agradable.
- **Religión.** Del mismo modo, durante su vida se encontrará con personas que van desde las que están empeñadas en contarle todo sobre su religión hasta las que prefieren no enseñar ni sus cartas del tarot. La religión ha llevado a algunas personas a hacer cosas muy buenas, pero a otras cosas deplorables. La creencia es un asunto muy complicado, y cuestionar la fe de alguien puede parecer más una burla o un ataque que un simple interés. Para aquellos que consiguen formular las preguntas de forma que expresen interés y no condena, recuerde que la otra persona puede cansarse de actuar como un portavoz no elegido de su fe, especialmente si esa fe ha sido objeto de debate en los medios de comunicación recientemente. Esté atento a las señales que muestren que la otra persona quiere cambiar de tema, y actúe inmediatamente cuando sea evidente.

2.2. RESPONDIENDO A LA PREGUNTA ¿QUÉ TAL?

Ésta es una pregunta de cortesía, por lo que no requiere una respuesta muy profunda. La contestación: «Bien, ¿y usted?» debe salir como un acto reflejo. No responda a la otra persona contándole su inminente divorcio, sus problemas de salud o sus asuntos laborales. Si verdaderamente ha sufrido algún problema diga: «No muy bien últimamente, pero todo va volviendo a su camino», y espere a que sea la otra persona la que le anime a seguir si realmente quiere oír más. Si todo va a pedir de boca en su vida y quiere hablar de algo positivo, hágalo brevemente o parecerá que se está regodeando. Si tiene hijos, tenga en cuenta que un monólogo de más de dos minutos sobre sus méritos y problemas tampoco le hará hacer amigos. En último lugar, pero no por ello menos importante, debe devolver la pregunta «¿Cómo está usted?» al poco rato.

2.2.1. La excepción de la amistad

Por supuesto, todo lo expuesto anteriormente son sólo pautas a seguir para conversaciones en público, con extraños o con personas a las que acaba de conocer. En privado, con amigos cercanos (o con el psicoterapeuta), no existen límites. Usted decide los temas sobre los que sus amigos estarán cómodos hablando o no. Pero procure siempre, esté con amigos cercanos o con desconocidos, cambiar de tema rápidamente si la otra persona muestra signos de emoción negativa e incomodidad.

2.3. COMENTAR CAMBIOS DE ASPECTO

No importa lo cercana que sea su relación con una persona. Nunca comente sus cambios de aspecto a no ser que el cambio sea claramente positivo y sea considerado así por la otra persona.

2.4. CUANDO UNO SE SIENTE INCÓMODO CON UN TEMA DE CONVERSACIÓN

Puede usted negarse a responder preguntas que considere demasiado personales o que le puedan provocar una reacción emocional.

Simplemente sonría y diga: «Lo siento, no me siento cómodo respondiendo a eso» o «Sin comentarios», y cambie el tema de conversación a algo más seguro. Si, en cambio, está usted siendo sometido a un aburrido monólogo, espere unos diez minutos, que es el tiempo que se considera correcto para abandonar la conversación educadamente. Si considera ofensivo el monólogo, cambie el tema o explique su desagrado y espere una disculpa. Si la disculpa no llega, cambie el tema y abandone la conversación tan pronto como pueda.

2.5. EQUILIBRAR LA CONVERSACIÓN

Recuerde que una conversación es cosa de dos o más personas, no sólo de uno.

Escuche con interés y haga preguntas atentas y pertinentes. Al mismo tiempo, asegúrese de que la persona con la que está conversando habla lo mismo o más que usted. Mire a la persona y mantenga el contacto visual; no mire alrededor para ver si hay alguien más interesante o con mejor aspecto con quien hablar, y tampoco mire al suelo o al techo.

2.6. SALIR DE UNA CONVERSACIÓN

Intente por todos los medios no dejar a nadie solo. Sin embargo, si la conversación se ha convertido en algo insoportable (y ha estado hablando con esa persona durante al menos diez minutos para llegar a esta conclusión) o necesita marcharse, sea educado en su despedida. Discúlpese, explique por qué abandona la conversación (como tener que ir al lavabo) y márchese, habiéndole estrechado la mano o tocado un brazo a la otra persona para hacerle ver que se ha producido un acercamiento entre ambos. Como alternativa, utilice frases como «Le he estado monopolizando» o «Ya le he robado demasiado tiempo», dirigiendo así hacia usted ese implícito sentido de culpa provocado por el aburrimiento.

3

LA ETIQUETA DEL TELÉFONO MÓVIL

En este capítulo aprenderá cómo debe:

- Elegir entre los modos vibración, silencio o llamada en diferentes situaciones.
- Responder a una llamada en público.
- Dejar un mensaje en el buzón de voz.
- Decidir entre enviar un mensaje de texto o llamar.

El teléfono móvil es una de las verdaderas bendiciones y maldiciones de la vida moderna. Incluso esas personas, cada vez más escasas, que rechazan esta forma de comunicación, sufren y se benefician del gran calado de los móviles en la sociedad. Ese aparato, que crea una ilusoria proximidad a los servicios de emergencias y a los amigos en el oscuro camino de vuelta a casa, a menudo nos aleja de las personas con las que compartimos un espacio físico.

3.1. CUÁNDO RESPONDER A UNA LLAMADA

A pesar de que, hoy en día, la mayoría de los usuarios de móviles comprenden que en algunas ocasiones contestar al teléfono es una falta de educación tan grande como lo sería depilarse las axilas en público, todavía existe algo de confusión sobre qué circunstancias pueden crear semejante escándalo. Además, las distintas funciones de enviar mensajes, emails o llamadas, el modo silencio o los diferentes tonos de llamada se unen a la carrera de obstáculos que es mantener las formas en el uso del teléfono móvil. Vibrar o no vibrar, esa es la «vibrante» cuestión del día.

A los hombres que están a punto de ser padres se les perdona siempre que respondan a una llamada de su esposa o pareja, y los médicos de guardia son esclavos del móvil generalmente aceptados. Puede haber excepciones, y ninguna lista de normas puede competir con la consideración general de los sentimientos de los demás. Tome como punto de partida lo que se expone a continuación.

3.1.1. El silencio es oro

- Cuando se encuentre entre otras personas, si no puede apagar el teléfono póngalo en silencio y/o en modo vibración.
- En reuniones o conferencias, ponga su móvil en silencio o, preferiblemente, apáguelo. Recuerde que en sitios silenciosos, el zumbido de la vibración del teléfono es audible. Para algunas personas, ese zumbido es tan irritante como el de un enjambre de abejas asesinas. No deje nunca el móvil en modo vibración encima de la mesa, pues además de oírse, quizá haya dejado también el modo llamada.
- Si no puede ignorar la llamada, salga de la sala para hablar.
- En el trabajo, llévese consigo el teléfono cuando se mueva de su sitio. Los teléfonos móviles, aunque se utilicen también para el trabajo, se consideran propiedad personal, así que pocos compañeros se atreverán a contestar o a colgarlo incluso aunque *I will survive* esté atronando por sexta vez en 15 minutos.

3.1.2. En reuniones

- En reuniones menores, si está esperando una llamada importante que pueda necesitar que salga usted de la habitación apresuradamente, explíquelo brevemente y discúlpese al comenzar antes de que ocurra.
- En restaurantes, los teléfonos deberían estar apagados, o, si es absolutamente necesario, en modo vibración pero sin sonido. El teléfono deberá permanecer en su bolsillo o bolso y no en la mesa. Como cortesía hacia los que están con usted, no acepte llamadas o mensajes en la mesa. Si es absolutamente necesario, salga fuera y tarde poco.

- Dé prioridad a la persona con la que se encuentra. En igualdad de condiciones, la persona que está con usted es más importante que la que está al otro lado del teléfono. Si recibe una llamada durante una conversación, envíe la llamada al buzón de voz y espere a que su acompañante termine su discurso sobre la historia de los botones, o lo que sea. Si la llamada parece importante o el que llama insiste, pida disculpas a las personas con las que está (a ser posible con algún comentario que haga ver que preferiría continuar bromeando con ellos) y coja la llamada, pero sea breve, explicando que está usted acompañado. Tome la información urgente y ofrézcase a devolver la llamada para recibir más detalles. Cuando cuelgue, discúlpese de nuevo con sus acompañantes.

3.1.3. En público

- No es posible pagar a la cajera con educación mientras se tiene un teléfono enganchado en la oreja.
- Los teléfonos han recorrido mucho camino desde los tiempos de los dos vasos conectados por un hilo. Los móviles hacen innecesaria la comunicación a gritos entre ambos terminales. Los micrófonos que tienen estos aparatos son extremadamente sensibles, así que hable bajo.
- La percepción del espacio auditivo personal varía en cada situación. En sitios concurridos, donde es difícil distinguir la voz de alguien entre el bullicio general, es normalmente aceptable hablar alto por el móvil si se necesita. Lo que no es aceptable es hacerlo en sitios públicos cerrados, como un ascensor o un vagón de tren. Si es posible, en estos casos comuníquese por mensajes de texto.
- No discuta en público por el móvil. Esto da la impresión de estar discutiendo con uno mismo, y si lo está haciendo con una persona especialmente tonta el efecto es todavía peor.
- Los auriculares inalámbricos dan un aspecto ridículo, y hablar por ellos le hacen parecer un loco. Utilícelos cuando los necesite y quíteselos cuando no los use. Cómprese un manos-libres si quiere utilizar el móvil mientras conduce o monta en bicicleta. Matar gente es un incumplimiento de las normas de buena educación.

3.1.4. Dónde está prohibido usar el móvil

Nunca hable por el teléfono móvil en ascensores, bibliotecas, museos, restaurantes, cementerios, teatros, cines, salas de espera de médicos o dentistas o en lugares de culto. Sea muy breve en la conversación en cualquier espacio público cerrado, como autobuses o trenes, y use un volumen bajo. Tenga presente que todo el mundo en el tren ya sabe que usted está ahí.

Si suena un móvil en un área en la que su uso está restringido (identificado por una señal plenamente visible), explique educadamente al usuario que debe responder a su teléfono fuera. Puede que no haya visto las señales que indiquen que no se permiten móviles en esa área.

3.2. OTRAS FUNCIONES DEL TELÉFONO

Si va a jugar a algún juego de su móvil, quítele el sonido. Su máxima puntuación en el Tetris debería ser un logro privado.

Respete la intimidad de los demás cuanto utilice la cámara del móvil. Estas cámaras no deben usarse en ningún lugar donde no se considere apropiado usar una cámara normal, como en un vestuario o en un lavabo. Pida permiso antes de sacarle una foto a alguien. Fingir estar usando otra función del móvil mientras que lo que de verdad hace es tomar una foto no engañará a nadie. Recuerde que los paparazzi se llevan algún puñetazo de vez en cuando.

3.2.1. Elija su tono prudentemente

La mejor opción podría ser un tono que suene como el teléfono de casa. Aunque sea aburrido, es lo menos molesto si su móvil suena en un lugar inapropiado. Poner el clip de quince segundos de su grupo favorito no le hará ser más moderno.

3.3. EL BUZÓN DE VOZ

Si la llamada es lo suficientemente importante como para dejar un mensaje, explique el propósito de su llamada y deje su nombre. «Llámame» no es información suficiente para que la persona calcule el nivel de urgencia que requiere la devolución de la llamada.

3.4. SU MÓVIL NO ES UN ARMA

No envíe mensajes de voz, de texto o multimedia inadecuados, ofensivos o amenazantes. Aparte de ser ilegal acosar a alguien de esta forma, simplemente no es muy agradable.

3.5. LAS REGLAS BÁSICAS DEL TELÉFONO MÓVIL

Aunque le haya parecido largo todo lo anterior, sólo necesita recordar unos cuantos puntos básicos:

- Solamente en muy extrañas circunstancias sería posible que el mundo se acabara si usted no contestara al móvil en el preciso momento en el que suena. En caso de que el que llama quisiera avisarnos de la inminente llegada del fin del mundo, será lo suficientemente prudente como para dejarnos un mensaje.
- Las inteligentes personas que inventaron el botón de apagar el móvil, el modo silencio o la función vibración, lo hicieron para que los usáramos.
- Su móvil no es mágico y no le hace inaudible al mundo exterior o evita que moleste a los demás.

3.6. MENSAJE *VERSUS* LLAMADA

Hay muchas situaciones en las que un mensaje es tan bien recibido como una llamada, pero cuando se encuentre considerando cuál de los dos utilizar, piense en lo siguiente para hacerlo más fácil:

- ¿El mensaje puede provocar una reacción emocional? Si es así, llame siempre.
- ¿La llamada puede interrumpir a otros, tanto si es a los que están con usted como a los que reciben la llamada? Entonces, envíe un mensaje.
- ¿Necesitará más de un mensaje para clarificar la situación? Entonces, llame.
- ¿Es probable que la persona necesite quedarse con alguna información como referencia (por ejemplo, instrucciones)? Si es así, mande un mensaje.

No envíe mensajes durante reuniones o conferencias. Es el equivalente adulto a pasarse notitas en clase. Además, no olvide que el altavoz del móvil actúa como un sistema de alarma cuando llega un mensaje, saltando de pronto justo cuando creía que había terminado de escribir un mensaje hábilmente con una mano dentro de su bolsillo.

Desde la invención y difusión del uso del texto predictivo, ya no es necesario escribir de forma abreviada para aligerar la comunicación, ya que es mucho más rápido utilizar la forma correcta. Pero, si usted no se resiste a dejar de usarla del todo, continúe haciéndolo, pero utilice abreviaturas como «bs (besos)», que son obvias o conocidas por todo el mundo, ya que un abuso de estas palabras puede hacer su texto difícil de leer, en el mejor de los casos, o indescifrable, en el peor.

4

NORMAS DE BUENA EDUCACIÓN EN EL TRABAJO

En este capítulo aprenderá cómo debe:

- Comportarse en la oficina.
- Tratar con su jefe.
- Presentar quejas en el trabajo.
- Tener una relación amorosa en la oficina.
- Hacer negocios en el extranjero.

Aunque exista una jerarquía de poder entre jefes y empleados, el respeto basado en el uso de unas normas de etiqueta creará un ambiente de trabajo más armonioso que unas actitudes serviles o de «peloteo».

4.1. DAR LA BIENVENIDA A LOS RECIÉN LLEGADOS

Los compañeros deben proponer salir a comer o a tomar algo al recién llegado para empezar a establecer lazos. Deben intentar hacerlo en las dos primeras semanas desde la llegada del nuevo compañero. El recién llegado puede dar alguna muestra de que le gustaría llevar a cabo tal reunión, pero no debe sugerirlo directamente, ya que podría estropear, sin saberlo, alguna costumbre al respecto y provocar descontento inocentemente.

4.2. PREPARAR EL CAFÉ

Cada oficina es diferente en lo que respecta a los asuntos de la cocina. En algunos sitios cada uno se prepara su café, mientras que en otros es una actividad de grupo. Espere alrededor de medio día y observe las costumbres de su oficina antes de hacerse un café u ofrecerlo a los demás. A no ser que sea lo que se hace estrictamente en su oficina, ofrecer una taza sólo a su jefe parecerá «peloteo». Sería como anunciar a todo el mundo que sería un placer lamer los zapatos al jefe.

4.3. IDILIO EN LA OFICINA

Las relaciones amorosas de oficina, tan frecuentes como desacertadas, están casi siempre llenas de trampas que le pueden hacer perder no sólo el respeto de sus compañeros sino incluso el puesto. Lo mejor es simplemente no permitirse tal escandaloso placer en el trabajo, aunque a veces todo sea demasiado tentador.

Si cae en ello, elija a su pareja sabiamente. Piense en ello como una elección directa entre su trabajo o la persona con la que quiere mantener una relación. La mayoría de las relaciones que surgen en el trabajo terminán en algún momento en lágrimas, y las dos partes deberán lidiar con la habitual gama de emociones, junto con algún tipo de degradación en el trabajo derivada de su posición en la jerarquía laboral. Si ambos están dispuestos a perder el trabajo o a cambiarse de empresa, haga lo contrario de las pautas que se exponen a continuación. Si no, dé marcha atrás rápidamente.

- Acepte que sus compañeros se van a enterar en algún momento, pero manténgalo como una fuerte sospecha más que como un hecho probado. Mantenga en secreto cualquier lazo sentimental en la oficina y hable con su pareja de la importancia de hacerlo así. Si llega a convertirse en una relación más seria, lleguen a la decisión mutua de cuándo romper el pacto de silencio y empezar a mencionarlo a sus compañeros.
- Sólo le está permitido caer una vez. Si su primera relación en el trabajo no llega a buen término y al día siguiente aparece por la puerta el amor de su vida, deje el trabajo si quiere salir con él o ella. No hacerlo no sería justo para su ex.
- De ninguna manera haga nada en la oficina con su pareja que no haría con un amigo. Aunque suene muy divertida o apetecible la posibilidad de hacer el amor encima de la mesa de su despacho o robar un beso junto a la fuente, con toda proba-

bilidad le tacharán de poco profesional, tanto si están casados como si se trata de una simple aventura imprudente.

- No caiga en la tentación de enviar emails o mensajes instantáneos «verdes» a cuentas de correo del trabajo. Estas formas de comunicación son vigiladas por los departamentos de informática de las oficinas, y en casi todas las empresas este tipo de mensajes es causa de despido.
- Si le rompe el corazón a un compañero o compañera de trabajo de forma tan hiriente e imperdonable como puede ser una infidelidad, plantéese dejar la empresa para ahorrarle el dolor de tener que verle todos los días.

4.4. DISCUSIONES EN LA OFICINA

De nuevo, el mejor consejo es evitarlas o mantener la política de mantenerse al margen. No obstante, si la situación le afecta directamente, recuerde siempre que no debe gritar, ni dar golpes bajos ni montar ninguna escena. Si la situación afecta a su trabajo, reúnase con su jefe inmediatamente y explíquele su versión de la historia. No ande por ahí fastidiando al otro o criticándole, aunque no le falten ganas.

Si usted tiene queja de alguien, es mejor resolverlo directamente con esa persona. Pídale hablar en privado y explicarle el problema. Si cree que puede alterarse, envíele la queja por correo electrónico y pídale una respuesta.

Evite involucrarse emocionalmente en la situación. Si se encuentra en medio de una discusión y siente que no avanza, deje que la situación se enfríe durante unas horas, respire hondo y escriba un email, reformulando su posición con coherencia y objetividad. Léalo de nuevo y envíelo. Si pierde los nervios, discúlpese siempre por ello, incluso aunque usted tenga la razón en la discusión.

4.5. CLIENTES

Los clientes deberían ser tratados con el mismo respeto que le dedica al jefe. Por muy amigos que sean, los clientes tienen la opción de decirle que no a usted (y a su negocio). Sea especialmente cuidadoso cuando trate con ellos.

En comidas de negocios o con clientes debe pagar el que la propone. SIN excepciones. Si es su acompañante quien paga, nunca pida lo más caro de la carta, y permita que sea él quien decida si se pide alcohol o no. Hable de negocios sólo después de terminar con las entradas.

4.6. EL DÍA DEL BONUS

Como regla general, está mal considerado hablar de dinero. En lo que respecta al sueldo o a las primas, todavía es necesario tener esto más en cuenta cuando se está hablado con compañeros de trabajo. Cuando alguien le pregunta por pura curiosidad, usted puede, educadamente, negarse a revelar la cantidad. Por otro lado, si la pregunta tiene un sentido que le ha sido explicado con anterioridad, si considera a la otra persona un amigo discreto y no hay ninguna razón para mantener la cifra mágica en secreto, entonces dígaselo, pero insista en que la información no salga de allí.

El día de en el que se recibe la prima o el bonus está sembrado de otros signos de comunicación no verbal. Para sobrevivir a este día tan tenso practique su cara de póquer. Si el resultado ha sido bueno, no le hará ningún bien a su imagen de jugador en equipo fanfarronearse, y si ha sido malo, interrumpir el regocijo de los demás le marcará como mal perdedor.

Además de pensar en cómo mantener la compostura, considere con cuidado el número de bebidas a tomar en el bar después del trabajo. Sea consciente de cómo algunos toman muy pocas y de que otros beben champán como si las uvas fueran una especie de planta en extinción. Trate de situarse en algún punto entre los dos.

4.7. UTILIZANDO LA MESA DE OTRO

Sólo porque el propietario de un escritorio que usted ha tomado prestado haya dejado por la mesa cuadernos, crema de manos o galletas no significa que usted tenga permiso para usar estas cosas también. Puede usar un bolígrafo, si no tiene más remedio, pero debe devolverlo. Eso es todo. Considere los cajones de la mesa de despacho de alguien tan prohibidos como el cajón de su mesilla de noche. La gente suele guardar cosas personales en esos cajones, y usted no tiene derecho a husmear ahí.

Deje todo como se lo ha encontrado y no añada nada extra. Su presencia allí debería ser imperceptible.

Actualmente, en la mayoría de las oficinas, los ordenadores están conectados a una red, de modo que cualquiera, con un nombre de usuario y una contraseña, puede acceder a su propio escritorio desde cualquier ordenador. Si usted está usando el ordenador de un compañero, no olvide salir del sistema cuando se vaya. Muchos programas se bloquean después de cierto tiempo de inactividad, y sólo pueden acceder de nuevo a él el administrador del sistema o la última persona que se ha conectado. Por tanto, quedarse conectado a un programa puede hacer que el propio dueño del ordenador no pueda acceder a él.

4.8. ASPECTO PERSONAL

Si le han dado un uniforme, llévelo bien. Mantenga el pelo y las uñas arreglados y evite un uso excesivo de joyas. Tanto los hombres como las mujeres deben prestar atención a cuántos botones de la camisa llevan desabrochados.

Para los empleos en los que no se lleva uniforme, pregunte sobre las reglas de vestuario antes de que llegue el primer día de trabajo. Si olvida hacerlo, llame a la persona que le ha contratado con cualquier otra excusa relacionada con el trabajo, como por ejemplo algún material de lectura sobre el puesto, y lance la pregunta sobre el atuendo de modo informal.

Si no es posible averiguar las reglas de vestuario de una manera discreta antes de empezar a trabajar, peque mejor por exceso que por defecto. Ya hará las modificaciones que sean necesarias al día siguiente, pero al principio es mejor llegar de traje a un puesto de conserje, que aparecer con un mono de conserje en un puesto de agente de bolsa. (Véase atuendo de trabajo en páginas 95 y siguientes.)

No dé por sentado que en su nuevo trabajo se considerará aceptable la ropa que utilizaba en su anterior empleo. En su primer día, observe lo que llevan puesto los demás y trate de crear su propia versión del mismo estilo. Cómprese «ropa de trabajo» si es necesario.

Incluso en entornos de trabajo donde se viste de forma informal, evite minifaldas, pantalones cortos, chanclas, ropa transparente o fluorescente, camisas hawaianas, exceso de joyas o camisas o camisetas que enseñen el escote o el pelo del pecho.

4.9. EL ASPECTO DEL ESCRITORIO

Manténgalo ordenado, incluso si esto significa tener que dedicarle una hora a la semana después del trabajo. Puede que usted sepa dónde está todo, pero dejar que se acumulen los papeles, junto a las manzanas mordisqueadas en su mesa, ofrece un aspecto de poco profesional ante los demás.

Por supuesto, puede colocar fotos, pero cíñase a las de sus familiares más cercanos y no ponga las de todo el árbol genealógico más las mascotas. Tenga el mínimo de marcos. Una foto de grupo da un aspecto más ordenado que cinco fotos individuales. Las fotos firmadas de su modelo favorita en *topless* no son agradables, aunque trabaje usted en una revista sensacionalista. Si quiere una planta, ponga una sola y que sea pequeña. Los demás pueden encontrar molesto tener una selva en la esquina de la oficina.

Limpie los cajones de su mesa cada tres semanas, dejando sólo lo imprescindible. Seguro que encontrará el calcetín del gimnasio que estaba causando ese olor tan extraño.

4.10. COMER EN EL ESCRITORIO

¿Alguien es de verdad capaz de seguir trabajando mientras come? Probablemente no. Aunque en muchas empresas se considere la comida en el trabajo como parte de la jornada laboral, comer encima del escritorio puede convertirse en algo sucio y antihigiénico. La mayoría de las oficinas tienen un comedor o un área para comer, así que, incluso aunque la visita sea breve, debería utilizarlo. Además, está probado que las pausas fuera de su mesa mejoran la productividad.

Nunca se debe comer comida caliente en el escritorio en una oficina diáfana. Los aromas de la comida caliente tienden a persistir desagradablemente en el ambiente, y la tentadora esencia del «pollo masala» puede provocar el vómito a las cuatro de la tarde en una oficina. Si es absolutamente necesario, se puede comer comida fría, que no tenga un olor fuerte y que no se desmigaje, pero sólo si se hace con mucho cuidado, poniendo una servilleta sobre el teclado del ordenador.

4.11. OFICINAS DIÁFANAS

No hay necesidad de gritar por teléfono. Tampoco se debe gritar de un lado al otro de la oficina; en vez de ello, utilice el teléfono interno. Sea considerado con las alergias y los olores fuertes. Utilice perfumes o colonias de modo que sólo usted o alguien que le abrace pueda olerlas. Si el compañero de la mesa de al lado tiene alergia a sus cacahuetes, plantas o perfumes, es el propietario del objeto causante de la alergia el que debe retirar el artículo ofensivo. Si, sin embargo, su compañero de la mesa de al lado es alérgico al pelo de perro que lleva usted pegado en la ropa, es él el que debe tomar pastillas antialérgicas o solicitar que le cambien de sitio; no es usted quien debe deshacerse de su adorado caniche.

4.12. BUENAS MANERAS AL TELÉFONO (DIFERENTES DE LAS DEL TELÉFONO MÓVIL)

Aquí se presentan algunas normas básicas para utilizar el teléfono del trabajo:

- Responda al teléfono como le indique su empresa o diciendo su nombre.
- Sólo deje a alguien en espera si es absolutamente necesario. Aunque sea una obra maestra de la música en su momento, es inaceptable forzar a alguien a escuchar cualquier horrible melodía establecida como hilo musical para las llamadas en espera durante más de dos minutos, a no ser que se esté usted ahogando. Si es posible, dígale cuánto tiempo estima que va a tenerle en espera y ofrézcale devolverle la llamada. Advierta siempre a la persona del otro lado de la línea de que le va a poner en espera, y pregúntele si prefiere llamar más tarde.
- No coja el teléfono cuando esté reunido, para decir a continuación en tono estirado: «Estoy en una reunión». Deje que salte el contestador o conteste a las preguntas urgentes, y explique su brusquedad civilizadamente.
- Advierta a la otra persona de que está usando el altavoz al principio de la conversación. Si hay más de una persona hablando hacia el altavoz, permita que se presenten en orden para que el receptor sea capaz de identificar las voces.
- Si trabaja en una oficina de planta abierta, no utilice el altavoz si es usted la única persona que está hablando. Será una distracción innecesaria para los demás. Si quiere tener las manos libres utilice un auricular, incluso aunque esto le haga parecer un poco idiota.

- Asimismo, cuando escuche los mensajes del contestador no utilice el altavoz. Esto es tanto en su beneficio como en el de los que le rodean. Después de todo, nunca se sabe quién ha llamado hasta que se escuchan los mensajes.
- Haga las llamadas usted mismo. Si tiene un ayudante, no le pida que marque el número y luego ponga a la persona en espera hasta que le transfiera la llamada. Simplemente, marque personalmente el número.

4.12.1. Dejando mensajes

Empiece diciendo quién es usted, el día y la hora. Explique el propósito de su llamada en tan pocas palabras como sea posible, transmitiendo el nivel de urgencia y lo que solicita como respuesta.

Tanto si es usted un director como una secretaria, devuelva las llamadas sin demora.

No se trata de jugar a hacerse el duro. En el mundo laboral, devolver las llamadas tan pronto como sea posible es un signo de respeto.

Si va a ausentarse de la oficina durante horas de trabajo, desvíe las llamadas a su móvil si es necesario y ponga un mensaje de respuesta automática en el que indique que está fuera de la oficina en su email para que los demás no se queden perplejos por su falta de respuesta. Cambie el mensaje estándar de su contestador si va a estar fuera de la oficina un día o más. En el mensaje del contestador del teléfono o en el del correo electrónico dé la fecha en la que va a estar de vuelta, y ofrezca el número de contacto alternativo de alguien de la empresa que pueda ocuparse del asunto si es urgente.

4.13. PRESENTACIONES

Cuando presente a alguien por un asunto de trabajo, presente siempre a los de nivel más bajo en la jerarquía a los de nivel más alto, sin importar la edad ni el sexo. Es decir, si A tiene un puesto más bajo que B, el nombre de A va en segundo lugar en la frase; por ejemplo; «B, me complace presentarte a A». Estreche la mano. Sólo dé dos besos si socializa con esa persona fuera del lugar de trabajo.

Para lo relativo a eventos para establecer nuevos contactos, véase la página 22.

4.14. EL USO DEL ORDENADOR

En el trabajo, utilice el ordenador puesto a su disposición para trabajar. Muchos jefes suponen un ligero uso personal de los ordenadores de la oficina, pero hay ciertas páginas web que con seguridad erizarán los pelos del jefe, y con toda la razón. Estas son algunas:

- Páginas de búsqueda de empleo.
- Páginas de solicitud de empleo de compañías rivales.
- Páginas pornográficas.
- Páginas para descargar música, particularmente las piratas.

Además de ellas, el uso excesivo de otras páginas web, como las de redes sociales del tipo de Facebook, Bebo o MySpace, así como otras web populares como YouTube, eBay o las de correo electrónico personal, tarde o temprano puede ser considerado por sus jefes como un uso fraudulento de los recursos de la empresa.

No piense que puede salir airoso sólo con ser muy rápido de reflejos y mantener el dedo flotando sobre el botón de cierre de la pantalla mientras visita alguna de las páginas mencionadas anteriormente. Muchos jefes tienen en las redes internas alarmas conectadas a algunas de las páginas web más populares o que más les preocupan con el fin de vigilar su uso, y llevan un riguroso control del tiempo gastado en estos sitios.

4.15. EL CORREO ELECTRÓNICO

Para las reglas de etiqueta para escribir emails de trabajo, véanse las páginas 103 a 105.

No obstante, a esto hay que añadir que es necesario tener en cuenta que su jefe está dispuesto a tolerar un flujo entre ligero y moderado de emails particulares en su cuenta del trabajo, pero un uso mayor (en el que la recepción y respuesta de mensajes le lleve más de 5 minutos por hora) puede afectar a su actividad, y por tanto su jefe lo podrá considerar como un mal comportamiento en su trabajo. Es mejor utilizar una cuenta particular para los mensajes personales. En todo caso, si está usando la cuenta del trabajo, nunca diga nada malo o embarazoso sobre su empresa o sobre sus jefes en esos emails, ya que pueden ser reenviados a alguien más con su firma corporativa orgullosamente desplegada al final del texto.

Ocúpese siempre primero de los correos relativos a su trabajo. Si no da abasto con el flujo de mensajes personales, espere a que acabe su jornada laboral para responder o llame al amigo en cuestión para conversar durante una pausa.

4.16. TRATAR CON SU JEFE

Sea educado y respetuoso. Algunos jefes pueden ser joviales y con un gran sentido del humor. Si es el caso, bromee con él como si fuera un amigo. De hecho, algunos jefes son amigos. Sin embargo, otros no lo son, así que, aunque sus chistes sean muy graciosos, sea consciente de la diferencia, y recuerde que a veces hasta los mejores amigos se pelean.

Si tiene que ir a verle con problemas, lleve también una lista de posibles soluciones.

4.17. QUEJARSE AL JEFE SOBRE OTROS

Trate siempre de arreglar el problema usted mismo, enviando un email a la persona que lo ha causado en el que le explique por qué encuentra su comportamiento problemático y que le gustaría que terminara con él. Si el problema persiste, quéjese a su jefe directo.

Quejarse de otros a un superior siempre parece un chismorreo, aunque lo adorne. Sin embargo, si hay un problema que está afectando a su trabajo, incluso si se trata de un simple comportamiento inapropiado por parte de alguien, debe comunicárselo a su jefe directo. La forma más fácil de hacerlo es enviarle un correo electrónico diciéndole que tiene usted un problema en el trabajo que le gustaría tratar con él, y sugiera un momento y un lugar donde puedan hablar en privado. En este encuentro, cuéntele al jefe lo que está pasando y cómo está afectando a su actividad.

Si es su jefe el que le está molestando, envíele un email exponiéndole el problema y cómo está afectando a su trabajo. Si el problema continúa, mándele otro correo. Si aun así persiste, quéjese a su igual (si existe alguno) a través de un email pidiéndole ayuda para comunicarse con su jefe. Si el problema sigue sin mejorar, o el igual de su jefe no desea involucrarse, entonces mande un correo al jefe de su jefe, explicándole el problema de forma clara y concisa.

Si se trata de un problema serio, como puede ser un asunto o acoso (sexual o racial, por ejemplo) que afecte a su salud o seguridad, envíe un correo primero a la persona en cuestión y, a continuación, a su jefe directo, o al jefe directo de su jefe.

Guarde siempre copias de toda esta correspondencia.

4.18. NEGOCIAR UN AUMENTO DE SUELDO

Son pocas las compañías que aumentan el sueldo a sus empleados sin que éstos lo soliciten, como reflejo de la inflación, así que, si quiere uno, tendrá usted que pedirlo y ser persuasivo. Organice una reunión donde tenga toda la atención de su jefe. Acuda armado de razones por las que deberían concederle el aumento que solicita. Buenas razones son su valor para la empresa, o haber descubierto que alguien igual de cualificado y que desempeña el mismo trabajo que usted dentro de la empresa está mejor pagado. Malas razones son los problemas personales.

Nunca diga que podría ganar más en cualquier otro sitio a no ser que de verdad tenga una oferta mejor, la cual no le importaría aceptar. Su jefe podría descubrir sus cartas, darle un apretón de manos y desearle suerte en su futura carrera.

Si no le conceden el aumento de sueldo que usted considera que merece, teniendo en cuenta las «buenas» razones expuestas anteriormente, plantéese si desea seguir en la empresa. Si la respuesta es afirmativa, trabaje más duro e inténtelo otra vez en tres meses, mencionando cualquier punto que su jefe hubiera destacado para no subirle el sueldo. Si aun así no consigue la subida, considere otra vez el marcharse.

4.19. DEJAR EL TRABAJO

Si ha decidido irse, pida a su jefe reunirse con él. Piense en las razones por las que quiere dejar el trabajo y decida si son potencialmente superables. Por ejemplo, un contable puede querer irse porque no le gusta el café de la máquina y porque quiere un sueldo mayor. Estos son problemas potencialmente superables. En cambio, un miedo repentino a los números después de una experiencia traumática con una calculadora, por ejemplo, es insuperable. Dependiendo de la categoría en la que se encuentren sus objeciones, plantee la reunión como un diálogo (en el que no amenaza con irse, sino donde lo decidirá al final si los problemas no pueden ser superados), o como una notificación del principio del período de preaviso. Si se trata de esto último, no exponga sus razones para irse a no ser que le pregunten (y le preguntarán, inevitablemente).

Es mejor explicar las razones por las que uno quiere marcharse cara a cara que hacerlo simplemente enviando una carta de dimisión, pero lleve a la reunión con su jefe un escrito de anuncio de su marcha. Esta nota debe estar redactada como una carta formal para la empresa, encabezada por «Estimados señores», en vez de estar dirigida personalmente a su jefe. El texto debería contener la fecha, una aclaración de que se trata de una nota de renuncia y la fecha en la pretende dejar la compañía. Avise dando un período de tiempo apropiado (o según lo que estipule el contrato) para permitir a su jefe empezar con la búsqueda de su sustituto. Asimismo, su carta debería expresar que lamenta irse, si quiere buenas referencias (no se pase mucho, pues de lo contrario la empresa pensará que está siendo usted sarcástico; con una frase es suficiente). La carta no debe exponer las razones de su marcha, las cuales sólo deben expresarse cara a cara.

Nunca decida dejar la empresa cuando esté enfadado. Si cambia de idea cuando esté más calmado, puede que ya no sea posible cambiar su nuevo estatus de desempleado.

4.20. RELACIONARSE FUERA DE LA OFICINA

Aunque algunas personas de su oficina puedan contarse entre sus mejores amigos, no todos los son. Cuando el alcohol corre, la lengua se suelta y de repente le está contando a todo el mundo que una vez hizo un trío con el jefe y el chico de las fotocopias en la estafeta. Los problemas a los que se enfrentará la mañana siguiente no necesitan explicación, especialmente cuando resulta que Pilar, la de contabilidad, quien controla su cuenta de gastos, estaba saliendo con el chico de las fotocopias cuando el citado incidente de la estafeta tuvo lugar.

En una borrachera con amigos, bailar encima de la mesa del McDonalds le elevará al estatus de leyenda. En una salida de trabajo, se convertirá en un lastre en eventos sociales con clientes.

No vea las barras libres de las celebraciones de la empresa como un desafío para ver cuánto puede beber. Procure terminar la noche siendo capaz de andar en línea recta y sobre todo sin acabar mareado. Guarde los secretos como oro en paño.

Si puede, evite hablar de trabajo. Dirija las conversaciones hacia temas como los *hobbies*, la familia, los amigos, etc. Haga muchas preguntas. Es mucho más seguro y le ayudará a labrarse una buena reputación como persona interesante y buen conversador, una habilidad muy valorada en los entornos laborales.

4.21. COTILLEOS

Aunque los días se hacen muy largos sin cotillear, cuente chismes sobre otros sólo si está dispuesto a que los demás conozcan su secreto más oscuro y charlen sobre ello en la máquina de café. En entornos sociales normalmente cotillear no está bien, pero en un entorno laboral puede poner en peligro la carrera de un compañero.

4.22. PONER DINERO PARA REGALOS EN LA EMPRESA

En las oficinas se suele recaudar dinero para cumpleaños, bodas, nacimientos de hijos o regalos de despedida. Si su empresa es grande (más de 40 personas) no tiene que dar dinero en cada colecta. Si no conoce a la persona, no hay necesidad de abrir el monedero. En cambio, si conoce a la persona lo suficiente como para saludarla, ponga dinero. La cantidad estándar de dinero que se da por persona para regalos puede variar en cada empresa. Averigüe qué es lo normal y no ponga menos de esa cifra.

4.23. EN VIAJES DE NEGOCIOS AL EXTRANJERO

Aquí tiene algunos consejos para cuando viaje al extranjero por negocios:

- ✐ Sea consciente de las diferencias en los rituales de presentación. Algunos se besan, otros dan la mano, otros hacen reverencias... En algunas culturas se intercambian las tarjetas de visita con mucha ceremonia. En otras se dice el nombre de la empresa antes del propio nombre. Aprenda a saludar al colega extranjero sin hacer el ridículo. Los expertos dicen que es importante buscar las diferencias culturales que puedan ser delicadas al saludar a otros, así como aprender algunas frases clave en el idioma de su anfitrión.

- Tenga en cuenta su espacio personal. La extensión del área que se considera «espacio personal» varía de un lugar a otro. Habitualmente, el «espacio social» (la gente con la que charlamos) es de entre un metro y medio y tres, el «espacio personal» (gente con la que tenemos una conversación íntima o seria) es de entre medio y un metro, y el «espacio íntimo» (las personas de las estamos emocionalmente cerca, a las que podemos tocar un brazo o dar un abrazo, por ejemplo) roza el radio de los 30 centímetros. Sin embargo, por ejemplo, en Arabia Saudita o en Rusia el espacio social invadiría el espacio personal o íntimo al que estamos acostumbrados, y nos haría sentir un poco agobiados. En otros países pasaría lo contrario; por ejemplo, los británicos invaden el espacio personal de los holandeses. En caso de duda, observe a los demás, pero es cierto que para los negocios es mejor parecer algo distante que demasiado cercano, así que, si duda, retírese un poco más de lo que está acostumbrado y espere a que la otra parte dé un paso hacia usted si se siente más cómodo estando más cerca.
- Si hace negocios regularmente con empresas en países de lenguas extranjeras, considere tener dos versiones de su tarjeta de visita, una en su propia lengua y otra en otro idioma, o una sola tarjeta con la traducción de sus datos en el reverso.
- Aprenda frases clave y formas apropiadas de tratamiento y de cargos.
- No gaste bromas. Algunos países consideran que los negocios serios no son un asunto para reírse, y otros pueden simplemente tener un lenguaje donde sus chistes no tengan traducción.
- En caso de duda, deje que sea el anfitrión quien lleve la iniciativa. Por ejemplo, en comidas de negocios, espere a que su anfitrión aborde el tema del trabajo.

4.24. EL PROTOCOLO DE LAS CENAS DE NEGOCIOS

Además de las notas sobre los modales y la etiqueta en la mesa del capítulo 10, apunte lo siguiente para cuando salga de cena de negocios:

- No cancele su asistencia en el último minuto a no ser que sea absolutamente necesario.

- Sea puntual. Llame siempre que vea que se va a retrasar, pero espere siempre al menos 15 minutos antes de comprobar el paradero de su compañero de mesa.
- No deje el teléfono móvil o el maletín encima de la mesa. Déjelos en una silla libre o en el suelo.
- No es necesario adaptar su manera de comer para quedar bien ante personas de otra cultura, a no ser que esta forma de comer requiera utensilios diferentes. Por ejemplo, los estilos de comer en todos los países occidentales son aceptados, porque aunque el tipo de comida difiera, siempre son necesarios un cuchillo y un tenedor; sin embargo, comerse un filete y un pudín con palillos chinos sería inaceptable.
- No pida lo más caro de la carta.
- Evite la comida que requiera concentración.

5

COMPARTIR PISO

En este capítulo aprenderá cómo debe:

- Elegir a sus compañeros de piso.
- Vivir en armonía.
- Tratar con el casero/inquilino.
- Tener invitados.
- Dejar el piso.

Como los precios de las viviendas están por las nubes, cada vez más gente opta por compartir pisos o casas. Unos ven en esto la ventaja de la compañía en las aburridas noches frente al televisor, mientras que otros simplemente se acogen a ello para pagar menos alquiler. Sin embargo, sean cuales sean las razones subyacentes para compartir piso, a veces «la confianza da asco» cuando los compañeros de piso no muestran la debida atención y consideración entre ellos.

A continuación encontrará una selección de las dificultades más comunes a la hora de compartir un piso o una casa, y unas sugerencias sobre cómo superarlas. En general, evite los problemas resolviéndolos más que simplemente quejándose de ellos. Discuta los asuntos mejor que darles vueltas o gritar. Algunas personas no son conscientes de que sus costumbres son molestas. Es posible que su hábito de cortarse las uñas de los pies mientras ve Los Simpsons en la tele no haya sorprendido a nadie nunca antes.

Algunos se comportan con los compañeros de piso como si fueran su familia, asumiendo que la cercanía implica el perdón incondicional por todo mal comportamiento. Incluso aunque esto sea así, es mejor ser responsable, amable y considerado. Trate de hacer más de lo que se espera que haga y sea compresivo con los momentos de agobio de sus compañeros, como puedan ser exámenes o entrevistas de trabajo. Así, a lo mejor, cuando esté usted al borde de un ataque de nervios y olvide fregar su tazón del desayuno, puede que sus compañeros de piso estén dispuestos a darle un aclarado sin montar un drama por ello.

5.1. ALQUILER

Caseros e inquilinos suelen mirarse el uno al otro con un cierto odio oculto, sin motivo alguno.

5.1.1. Caseros

Cuando enseñe una propiedad a unos posibles inquilinos, recuerde que ellos están eligiendo una vivienda y usted está eligiendo a unos inquilinos. Es muy poco probable que la mayoría de los inquilinos se conviertan por arte de magia en unos fiesteros recién salidos del infierno en el momento en el que usted se dé la vuelta. Se necesitará un cierto grado de confianza, así como un depósito, para asegurar que el alquiler se desarrolle con fluidez. Si los insulsos contables a los que acaba de alquilar el piso deciden pintar calaveras y huesos cruzados en las paredes y quemar las alfombras con cigarrillos, tome el dinero necesario para la reparación de sus depósitos.

Recuerde que es ilegal entrar en una propiedad alquilada sin el permiso de los alquilados, a menos que se haya establecido en el contrato una inspección programada.

Actúe de inmediato ante las solicitudes de sus alquilados para reparar aparatos (como un lavaplatos cutre) o instalaciones (como las tuberías) incluidas en el contrato de alquiler. Los arrendatarios tratan con respeto a los caseros que les tratan bien, y suelen ser proclives a querer prorrogar su estancia.

El dinero del depósito que recibe al comienzo del alquiler no es suyo. Lo recibe como fianza de buen comportamiento de sus inquilinos. No se invente excusas para quedárselo cuando termine el alquiler (como reclamar dinero para volver a pintar porque ha notado un arañazo en un techo de tres metros de alto después de haberle alquilado la casa a una familia de enanos). No sea un aprovechado, sea justo.

5.1.2. Inquilinos

Recuerde que está usted en una propiedad ajena. Aunque haya pagado por este privilegio, significa que debe usted mostrar cierto nivel de respeto por los artículos de la vivienda. Si se rompe un objeto de la casa por accidente en vez de por el uso normal del mismo, sustitúyalo por otro de valor y función similar y dígale inmediatamente al propietario lo que ha hecho. No espere a confesar el percance al final del contrato. No pinte las paredes ni haga ningún cambio irreversible en la casa sin el consentimiento previo del casero. Si le deniega el consentimiento, debe quedarle claro que «no» significa «no».

Si hay un problema con un objeto o instalación de la vivienda cubierto por el contrato de alquiler, dígaselo a su casero de inmediato (el casero no es adivino). Además póngalo por escrito. Sea persistente. Usted no está dando la lata. Lo que se prometió y por lo que paga es su derecho.

Si ha sido usted un inquilino educado, ha pagado siempre el alquiler puntualmente y ha cuidado el lugar que está alquilando, puede pedir al propietario que reconsidere la subida de renta basándose en que su inversión está en buenas manos y que, por tanto, el coste de mantenimiento de la propiedad se verá probablemente reducido. Si embargo, antes de hacer esto compruebe los precios de las viviendas similares de la zona para asegurarse de que la renta que estaba pagando anteriormente no es inusualmente baja.

Pague todas las facturas antes de dejar la casa y deje un registro de las mismas (haciendo unas copias para usted) para que el casero se quede tranquilo. Devuelva todas las llaves sin demora.

5.2. ELEGIR A LOS COMPAÑEROS DE PISO

Los que comparten piso lo hacen o bien con amigos o bien con desconocidos. Cada opción tiene sus ventajas y sus desventajas. Muchos han perdido la amistad por irse a vivir juntos y, por otro lado, irse a vivir con un extraño es una situación desconocida que podría llevarle a compartir baño y cocina con un coleccionista de sellos obsesionado con el pelo de conejo.

Cuando elija compañeros de piso que sean amigos, considere no sólo lo bien que se lo pasan cuando salen por ahí, sino qué tipo de personas serán para vivir con ellas. Sea sincero con ellos sobre cómo vive usted. Cuénteles si sigue con la costumbre de los jueves nudistas o que acaba de empezar a aprender a tocar el violín. Déles una idea sobre si es usted desordenado u obsesivo-compulsivamente limpio, o algo entre medias. Sea extremadamente honesto y directo sobre lo que sus amigos pueden esperar si se van a vivir con usted. De este modo, incluso si los planes no salen bien al final, todas las partes se irán sin que nadie se sienta engañado.

Si se va a ir a vivir con un desconocido, la sinceridad sobre los hábitos de vida también es obligada, aunque el planteamiento de esta cuestión pueda parecer un incumplimiento de otras normas de etiqueta. Por ejemplo, en otras partes de este libro se sugiere que hablar de dinero es de mala educación, que es de pocos modales hacer preguntas directamente sobre los hábitos de limpieza o preguntar en seguida su estado actual en lo relativo a las relaciones sentimentales. En este contexto se deben hacer estas preguntas, ya que son cruciales para elegir a un compañero de piso. Sin embargo, para no parecer grosero, el encuentro y el proceso de elección deben ser mucho más formales, como se expone a continuación.

Antes de conocer a posibles compañeros de piso que no son amigos (todavía), primero haga una llamada de reconocimiento para asegurar que ninguno de los dos está perdiendo el tiempo. Envíe un mensaje de texto al móvil o un correo electrónico para quedar a una hora en la que pueda llamar a la otra persona para charlar. Haga muchas preguntas, desde qué edad tiene hasta cómo se gana la vida, cuáles son sus gustos musicales, de qué equipo de fútbol es seguidor o si tiene animales. Si no cree que la persona sea adecuada, dígaselo de inmediato, alegando que no cree que sus hábitos de vida vayan a ser compatibles. Si piensa que la persona puede ser adecuada, quede con ella en un día y una hora en la que puedan conocerse en persona (esto puede incluir incluso una visita al piso, si ya existe o ya ha sido elegido). En esta llamada de teléfono no puede preguntar sobre el aspecto físico de la otra persona a no ser que sea necesario para reconocerle; de todas formas, la mayoría tenemos una visión distorsionada de nosotros mismos.

Para el encuentro cara a cara, prepárese para preguntar y responder preguntas. Ambas partes deberían considerar y pedir permiso si quieren llevarse a un amigo para tener una segunda opinión o por razones de seguridad. Asegúrese de que el piso y la habitación que está alquilando están limpios y ordenados. Como puede que sea la última vez que se vean antes de que ambos tomen una decisión, es importante que a los posibles compañeros de piso se les ofrezcan expectativas reales de lo que van a encontrar si van a vivir allí. Tome notas y marquen una fecha límite para tomar la decisión.

No es de mala educación hacer preguntas del tipo de las que se exponen a continuación:

- Si el posible compañero fuma, toma drogas o hasta qué punto bebe.
- A cuánto asciende el alquiler y los demás gastos y qué está incluido en cada cantidad.
- Los hábitos de comida.
- La rutina diaria.
- Si se comparte la comida.
- Si está permitido que se queden invitados y si hay alguna norma al respecto.
- Qué tal es el vecindario.
- Posiciones políticas o religiosas extremas.
- Particularidades en el estilo de vida.
- Las normas de la casa.
- La profesión de la otra persona, dónde trabaja y su edad.
- Dónde vive ahora y por qué se muda.
- Disponibilidad de referencias de antiguos compañeros de piso.
- Existencia de problemas de salud que puedan afectar a la convivencia.
- Actividades en el tiempo libre e intereses, preferencias musicales o de televisión.
- Su estado actual en lo relativo a las relaciones sentimentales y si sus parejas se suelen quedar a dormir.
- La frecuencia con la que le visitan los amigos y qué les gusta a éstos.
- Su capacidad para pagar el alquiler (es correcto preguntar si el posible inquilino tiene sueldo fijo, pero no lo es preguntar cuánto gana).
- Si tiene animales.
- Orientación sexual, si es algo que pueda molestar a los actuales habitantes del piso. La homofobia no está bien pero existe, y si va a crear un ambiente hostil para el nuevo compañero, entonces sí es una pregunta relevante.

La mayoría de las preguntas están permitidas si se hacen correctamente y si son relevantes para saber si será capaz de convivir en armonía con el posible compañero. Sin embargo, hay algunas preguntas que no debe hacer, ya que se encuadrarían en la categoría de la curiosidad personal y no le darán una visión real de si su posible compañero de piso es adecuado. Dos ejemplos de este tipo de preguntas son:

- Si el potencial compañero está soltero, y por qué.
- A qué se dedican sus padres, o cualquier otra pregunta para indagar sobre la clase social de la que procede.

Además, tendrá que esperar hasta que el posible compañero de piso se mude para averiguar:

- Si hace mucho ruido al practicar el sexo, o alguna otra costumbre sexual (tendrá entonces que comprarse unos tapones para los oídos).
- Si es mujer, si sufre graves síntomas con el síndrome premenstrual (de todas formas, no lo admitiría).

Pueden tener otro encuentro cara a cara, si alguno de los dos lo desea.

No se vaya a vivir con alguien que le atraiga sexualmente. Si este es el motivo para querer mudarse con él o ella, mejor pídale salir.

Informe a los solicitantes rechazados tan pronto como sea posible. Para los que han sido elegidos, acuerde una fecha para firmar el contrato y tenga la habitación limpia y una llave esperando.

Recuerde que una vez que se haya mudado, el nuevo se convierte en un miembro más de la casa, con los mismos derechos. Si hay desacuerdos después de este punto, el hecho de que sea el recién llegado no invalida sus opiniones o hace sus quejas menos serias.

5.3. ASUNTOS DEL DÍA A DÍA

5.3.1. Limpieza

Compartir las tareas de limpieza es probablemente el asunto más fastidioso entre compañeros de piso que normalmente son tolerantes y bien educados. No hay excusas para no lavar los platos. Si no tiene tiempo de fregar, entonces tampoco debería tenerlo para comer. Si se le olvida fregar los cacharros, hágalo en cuanto vuelva a casa. Para algunos, tener que lavar un utensilio de cocina antes de usarlo ellos mismos es el equivalente psicológico a tener que limpiar la casa entera antes de comer, incluso aunque se trate sólo de un tenedor. Es insultante para los demás compañeros asumir que su tiempo es más valioso que el de los demás, que es la implicación subyacente a no haber realizado esta simple tarea. Si tiene cinco minutos y ha terminado de fregar sus propios platos, lave algunos de los de sus compañeros. Este gesto será muy apreciado e incluso puede ser recíproco más adelante.

Elaboren una lista de turnos, aunque sea informal, para las tareas de limpieza mayor, como pasar la aspiradora, limpiar el horno y hacer el baño.

Sin duda habrá algún compañero de piso que sea más ordenado que otro, que quiera el suelo aspirado a diario, que se limpie el polvo de los rodapiés los fines de semana y que las cortinas cuelguen perfectamente rectas. Esta persona lo más seguro es que irrite a sus compañeros con su comportamiento, pero no entienda por qué esto es causa de molestia. Esos seres ordenados deberían recordar que tienen derecho a un entorno higiénico y habitable, pero poco más. Sólo quéjese si no se han fregado los cacharros después de 24 horas, no de dos. Si desea los rodapiés limpios de polvo todos los fines de semana, hágalo usted. Hable con sus compañeros de piso sobre los aspectos de la convivencia que más le preocupan y, con un poco de suerte, se verán obligados a hacer la situación más cómoda para todos. Si la situación no mejora, proponga contratar a alguien que haga la limpieza. Si su sugerencia es inaceptable para sus compañeros de piso, múdese y considere irse a vivir solo.

Si un compañero ha dejado su colada en la lavadora y usted necesita usarla, sáquela y, si tiene tiempo, tiéndala. Si no, déjela en una cesta o sobre una mesa limpia y deje una nota para que su compañero sepa lo que ha pasado con su ropa. Nunca la deje en el suelo ni la ponga en la secadora al máximo a no ser que haya comprobado prenda a prenda que en ninguna hay una etiqueta que advierta de «no secar en la secadora». Su buena acción puede hacer que encoja cada una de las prendas favoritas de la colección de ropa *vintage* fluorescente de los 80 cuidadosamente recopilada por su compañero de piso.

Además de fregar los platos, mantenga la casa ordenada con el fin de que todos puedan recibir visitas inesperadamente.

5.3.2. Comida

A no ser que se compartan todos los gastos de comida en la casa, no coma nada que no haya comprado usted mismo. Comerse la comida de sus compañeros de piso es robar. Si a primera hora de la mañana le ataca una incontrolable y cleptomaníaca urgencia de asaltar la nevera, deje una nota detallando su pillaje y prometiendo reponerlo. Devuelva la comida inmediatamente al día siguiente, incluso si esto significa tener que hacer una excursión no planeada a la tienda estando mareado y con resaca.

No acapare la nevera o los armarios. Por alguna extraña razón, los pisos compartidos siempre vienen con frigoríficos demasiados pequeños. Almacene sus artículos de forma considerada, y haga la compra dos veces por semana en vez de una si es necesario. Asimismo, considere compartir artículos que todos usen, por ejemplo la leche.

Sea particularmente cuidadoso cuando guarde carne o comida que huela. Guárdela en un envase o envoltorio separado para asegurarse de que la carne no gotee o de que no impregna toda la nevera con un fuerte olor. Tire de inmediato sus alimentos en mal estado o los de los demás.

Cuando cocine, cierre la puerta de la cocina para prevenir que los olores se extiendan por toda la casa. A nadie le gusta el olor del salmón en los cojines del sofá del salón.

Nunca pierda los nervios por la leche o el pan. No merece la pena perder una amistad o que le suba la tensión por 50 céntimos a la semana.

5.3.3. Intimidad

Uno de los aspectos más difíciles de compartir piso es la falta de intimidad. Las zonas comunes son, de hecho, comunes, pero trate de no dejar sus cosas desperdigadas por ahí. Las habitaciones son lugares de privacidad absoluta. Tanto si el compañero de piso está en la casa o no, su habitación es un sitio donde sólo se puede entrar cuando se es invitado, incluso si es para hacerle un favor, como entregarle la ropa doblada. Deje la colada en una mesa del salón o al lado de la puerta de su habitación. Nunca coja nada prestado de una habitación sin pedir permiso primero o sin haber sido invitado a hacerlo. No asuma que ese permiso para hacerlo una vez cubre todas las veces que quiera tomar prestado algo de la zona sagrada.

No piense que es aceptable utilizar la habitación de un compañero de piso como cuarto de invitados, a no ser que se lo hayan ofrecido como tal primero. Ciertamente puede dejar caer algunas pistas sutiles para dar al compañero la oportunidad de sugerirlo, pero no lo pida directamente, ya que no le favorecería que se sintiera presionado a dejárselo.

De tanto en tanto deben darse unos a otros espacio para estar solos. Vaya a casa de sus amigos de vez en cuando en vez de invitarles siempre a la suya.

5.3.4. El uso del teléfono fijo y los mensajes

No monopolice el teléfono y ofrézcase a pagar más si:

- Ha estado llamando al extranjero.
- Ha estado llamando a líneas de pago regularmente.
- Su uso del teléfono claramente sobrepasa al de sus compañeros.

Si la línea del teléfono es la misma para Internet, piense que su uso de Internet puede impedir a los demás usar el teléfono o Internet. Compruebe que esto no ocurre.

Si coge el teléfono fijo y la llamada es para otro compañero, deje el mensaje en el lugar que hayan acordado para ello escrito con claridad, indicando la fecha y la hora de dicha llamada.

5.4. HIGIENE PERSONAL Y CORTESÍA EN GENERAL

Sea limpio usted mismo y mantenga su habitación limpia también. Ver la tele con un compañero que no se ha duchado después de venir del gimnasio no es una experiencia agradable. Aunque su cuarto sea privado, tener una habitación oliendo a semanas de olor corporal y sábanas y ropa interior sin lavar es desagradable para los compañeros que llamen a su puerta.

5.4.1. Amigos que se quedan a dormir

Cuando sea posible, si planea que un amigo o familiar se quede a pasar la noche avise a sus compañeros y pida permiso para ello. Esto es obligado cuando el invitado se va a quedar más de una noche, incluso si duerme en su habitación. A nadie le gusta entrar en el salón de su casa, medio vestido, preparado para sentarse a ver la tele el sábado por la mañana y encontrarse a la «bella roncante» en el sofá. Si ha sido un imprevisto, deje una nota en la puerta del salón para avisar a los demás de lo que hay dentro.

Si es usted la inesperada «bella roncante», pregunte a los compañeros de piso que estén despiertos si necesitan utilizar urgentemente el baño antes de ducharse usted. Use sólo los productos de higiene del amigo que le ha invitado a quedarse. Además, antes de irse, compre unas flores o un paquete de cervezas para los compañeros del piso, agradezca el uso del sofá y discúlpese por cualquier molestia causada.

No asuma por norma que está bien tener amigos durmiendo en el sofá todo el tiempo. Sobre una vez a la semana es aceptable, pero más frecuentemente es abusar de la amabilidad de sus compañeros de piso.

Si llega al piso tarde por la noche con compañía, recuerde que sus compañeros pueden estar dormidos. Pida a su invitado que mantenga un volumen de voz bajo y haga usted lo mismo. Ponga música o vea la televisión sólo a un nivel que no moleste el descanso de los demás de la casa. Si despierta a alguien, pida disculpas efusivamente y apague completamente el aparato causante de la molestia.

5.4.2. El uso del baño

No acapare el baño. Asignen turnos para usarlo por la mañana. Limpie la bañera o la ducha después de usarla. No deje restos de saliva, pasta de dientes, espuma de afeitar o pelos en el lavabo. Si queda olor después de usar el retrete, eche ambientador o encienda una cerilla para eliminarlo.

Abra la ventana (si la hay) para que se vaya el vapor de la ducha y no se dé nunca un baño largo sin haber preguntado primero a sus compañeros de piso si van a necesitar usar el servicio durante la próxima hora. No coja prestado el champú, el suavizante o cualquier otro producto de sus compañeros sin pedirlo específicamente cada vez. Que le den permiso para usarlo una vez no se debe tomar como una licencia para usarlo cada vez que quiera. Esto se considera tan hurto (y no tan pequeño si se trata de crema facial de Clarins, Christian Dior, Chanel a cualquier otra marca importada e innecesariamente cara) como robar comida de la nevera o joyas de la habitación de un compañero.

Utilice sólo su toalla. Use la toalla común para secarse las manos o la cara, pero no la toalla de baño de otro. Igualmente, si es tan tonto como para dejar su toalla en el baño, espere que alguien en algún momento la utilice.

5.4.3. Novios que se quedan a dormir

Recuerde que sus compañeros han elegido vivir con usted, no con usted y el actual amor de su vida. No monopolice el sofá o el mando de la televisión con su pareja. Sus amigos, especialmente los solteros, estarán más molestos de que haya una persona extra en la casa si esa persona es la razón por la que no pueden ver su programa de televisión favorito.

No debe haber muestras de afecto o peleas entre ustedes. Lo primero pone enfermo y lo segundo es muy negativo. Asegúrese de quedarse tantas veces en casa de su novio o novia como él o ella lo hacen en la suya. Así no habrá discusiones sobre el gasto extra de electricidad, leche o papel higiénico con ningún compañero. Si su relación se desarrolla de tal forma que su pareja se queda en su piso compartido más de la mitad de la semana, contribuya un poco más que los demás en los gastos de la casa. Si su pareja se queda casi todas las noches, plantéese mudarse a vivir con ella. Es muy posible que su piso no esté equipado como para arreglárselas con una persona más.

5.4.4. Roturas

Trate las pertenencias de sus compañeros de piso con más cuidado incluso que las suyas propias, pero si se rompe algo no trate de ocultarlo. Reemplácelo con un artículo de igual o mayor valor y pida disculpas. Si el artículo tenía un valor sentimental, reemplácelo y cómprele además un regalo. No sugiera nunca que un objeto de tanto valor personal o económico debería haber sido guardado en un lugar más seguro.

5.5. DAR FIESTAS

Invite siempre a sus vecinos. Es probable que no vengan a quejarse de los niveles de ruido si son «invitados» que no han querido ir a su fiesta. Sea considerado con los niños pequeños que vivan al lado. Ofrezca a los padres una hora para quitar la música y parar la fiesta o llevársela a otro sitio.

Si se envía a uno de los compañeros de piso a hacer la compra para la fiesta, hagan una lista detallada antes. No hay nada más desmoralizador (o insensato) en una casa de estudiantes que enviar a uno de ellos (cuyos padres resultan ser los dueños de un banco en Suiza) a esta misión y descubrir que la fiesta barata que estaban planeando les salga ahora por 200 euros por cabeza, y cuando el compañero en cuestión ha comprado sólo una escultura de hielo, champán y canapés. Sin embargo, si no han discutido la lista de la compra y el presupuesto previamente no tienen derecho a quejarse por lo que haya traído.

Acepte desconocidos en su casa. Si es usted prudente, habrá guardado los objetos de valor antes de que empiece la fiesta, y los gorrones probablemente serán amigos suyos o de sus compañeros de piso.

Dividan la cuenta proporcionalmente a los invitados que traerá cada uno. Si cada miembro de la casa ha invitado más o menos al mismo número de personas, dividan la cuenta en partes iguales.

5.5.1. Celebrar cenas

Si vive en una casa compartida no organice cenas para invitados sin invitar a sus compañeros de piso, ya que tendrá ocupada, por lo menos, una zona común mientras dure el evento.

Los compañeros no están obligados a asistir, pero, si no lo hacen, deberían desaparecer esa noche.

5.6. DEJAR EL PISO

Si tiene la intención de dejar el piso, avise a sus compañeros con al menos un mes de antelación, e incluso más, si es posible, ya que es probable que necesiten encontrar a un sustituto para ocupar su habitación y pagar su parte de la renta. Si puede, proponga a alguien que usted sepa que busca piso para compartir, pero no arregle su sustitución sin el permiso de sus compañeros.

Antes de irse, limpie su habitación a fondo. Asimismo, asegúrese de que deja arreglada cualquier cosa que haya estropeado durante su estancia. Es un bonito gesto dejar flores, bombones o algún otro atento regalo para los compañeros a los que deja, junto con una nota en la que diga que los echará de menos. Milagrosamente, poco después de que se vaya olvidarán sus terribles habilidades para la limpieza y sólo recordarán el precioso ramo, los bombones o el barril de cerveza que les haya dejado.

Si es todo el grupo el que va a dejar la casa, dividan la limpieza general. Limpiar un piso para dejarlo listo para inspección es una gran tarea, y marcharse rápidamente sin haber pasado tiempo suficiente con los guantes de fregar y oliendo a lejía no le hará ganarse el cariño de sus ex-compañeros.

5.7. MISCELÁNEA

Mostrar consideración hacia sus vecinos significa mantener la voz y la música bajas. Puede que tengan niños o trabajos que les hagan levantarse temprano, motivos por los cuales no apreciarán sus sesiones de karaoke a las tres de la mañana. Asimismo, procure practicar el piano, trombón o violín a horas civilizadas (recuerde que los domingos por la mañana algunos no los consideran civilizados) y durante ratos cortos.

Si es el caso, pague los gastos de mantenimiento del edificio a tiempo y trate de participar en las reuniones de vecinos. No ensucie las zonas comunes y cumpla con las normas del edificio o urbanización en la que viva.

5.8. VIVIR EN PAREJA

Continúe diciendo por favor, gracias y lo siento. Hagan cosas agradables el uno para el otro. Recuerde que esa persona con la que comparte piso es también su mejor amiga y viva con ella como tal. Si cocinan el uno para el otro, hágale saber a la otra persona cuándo no va a volver a casa para cenar antes de que empiece a cocinar. Quite los pelos de la bañera. Ofrézcanse una taza de café el uno al otro. El amor no significa no tener que decir nunca lo siento.

Engañar a su pareja se salta todas las normas de etiqueta, para empezar, pero hacerlo en la cama que comparte con su pareja es un comportamiento imperdonablemente odioso.

En las casas compartidas por parejas se debe poner menos énfasis en el individuo y más en estar juntos: compartir la comida, uno cocina y el otro recoge los platos, etc. Podrá surgir una división natural de las tareas, pero si ambos trabajan divídanlas igualitariamente. En concreto, intente recordar que a quien cocina no se le debería endosar también el tener que fregar los cacharros, y comerse la última galleta no está bien si no son las favoritas de su pareja.

6

SER UN BUEN ANFITRIÓN Y UN BUEN INVITADO

En este capítulo aprenderá cómo debe:

- Ofrecer una cena.
- Tratar con invitados difíciles.
- Asistir a una cena sin causar ninguna ofensa.
- Ser un invitado discreto.

6.1. SER EL ANFITRIÓN DE UNA CENA

6.1.1. Qué cocinar

Prepare un plato que crea que agradará a sus invitados, no uno que demuestre sus gustos y habilidades en cocina exótica. Asimismo, cocine algo en lo que tenga práctica; no es el momento de probar un suflé o algún plato francés de nombre impronunciable que nunca ha preparado antes. Por si ocurre algún desastre, tenga preparado el teléfono de algún buen sitio de comidas preparadas que sirvan a domicilio. Prepare recetas que no supongan mucho lío entre platos.

Cocine siempre más de lo que cree que pueda ser necesario, por si aparecen invitados inesperados o alguno con gran apetito. Es mucho mejor, en términos de etiqueta, que sobre comida antes que dejar a sus invitados con hambre al final de la cena.

6.1.2. Alergias y necesidades alimenticias especiales

Si alguno de sus invitados le llama con antelación para avisarle de que tiene alergia a algo, cambie lo que había planeado servir para evitar utilizar ese ingrediente, en vez de hacer un plato especial para un invitado. De ese modo, no hará sentir al que sufre la alergia que le está causando alguna molestia.

Es aconsejable, cuando vaya a hacer la compra para la cena, que compre algunos artículos extra que le gustaría tener para los días siguientes. Así, si alguno de sus invitados olvida advertirle sobre su alergia, podrá estar tranquilo al tener la nevera llena de comida disponible para ofrecerle alguna alternativa. De todas formas, esto va más allá de sus obligaciones y, francamente, si el alérgico no le ha avisado de su problema, no debería esperar mucho más que pan y queso.

Del mismo modo, los vegetarianos deberían ser tenidos en cuenta, de manera que ofrezca usted una comida para todos que pueda ser servida completa con o sin los componentes cárnicos, y satisfacer así tanto a los omnívoros como a los herbívoros de la mesa. Por ejemplo, puede servir asado con ternera y con un sustitutivo no cárnico. Tenga en cuenta, no obstante, que no debe tomar por tontos a los vegetarianos y servirles una cuidada selección de verduras que ha sido hervida junto con la carne; también es conveniente recordar que los vegetarianos no comen pescado.

Actualmente, como están muy de moda las «dietas milagro», puede que se encuentre también con algunos que sigan la dieta Atkins, la dieta de comer sólo a algunas horas del día, la dieta de los que se alimentan sólo de algunos nutrientes de los batidos, la dieta de comer sólo verduras, la de consumir sólo ciertos carbohidratos... En términos de etiqueta, estas personas no deberían esperar que usted satisficiera todas sus necesidades. Aun así, usted debería hacerlo. Si le informan de tales «necesidades» alimenticias, como buen anfitrión debería tratar de atenderlas, alterando lo que planeaba cocinar y haciendo que su comida sea parte de la de todos (por ejemplo, sirva filete y puré de patata a los que no sigan la dieta Atkins y sólo filete a los que sí).

Llame al que hace dieta antes de comprar los ingredientes, para comprobar con él que lo que está planeando será adecuado, ya que, con la complejidad de algunas dietas, es fácil equivocarse. No obstante, si simplemente no es posible proveer comida para esa dieta especial en virtud de la hora del día o el tipo de alimento (por ejemplo, la dieta del batido), puede presentar sus disculpas y sugerir al invitado que se pase sólo a tomar una copa o quedar en otra ocasión.

6.1.3. Organizar los sitios en la mesa

Para grupos de más de seis personas tenga en cuenta lo siguiente, ya que es imposible hablar con todo el mundo durante la comida.

Chico-chica-chico-chica es la norma, aunque no es una regla estricta, siendo aconsejable poner distancia entre aquellos que tengan fuertes diferencias en sus puntos de vista políticos o religiosos o entre aquellos que sean proclives a crear conflicto (por ejemplo, ex maridos y ex mujeres). Siente a los amantes, esposos o parejas separados; ya se ven a diario, y ahora les toca ganarse la cena.

En cenas formales, el invitado masculino más importante se sienta junto a la anfitriona, y la invitada más importante junto al anfitrión.

6.2. SER EL ANFITRIÓN DE UNA FIESTA

Invite siempre de más a una fiesta. Por razones que van desde una intoxicación alimenticia a la cancelación de la canguro para reservarla porque surja una mejor oferta (lo que es de muy poca etiqueta, por cierto), su número de invitados puede verse reducido a unos pocos y es su obligación como anfitrión proveer de cierto número de invitados para hacer que la noche sea entretenida para los que vayan.

Ofrezca abundantes bebidas alcohólicas fáciles de servir, así como alternativas no alcohólicas para los conductores y los abstemios. El agua no es una «buena» alternativa de bebida no alcohólica.

Dé la bienvenida a los que llegan a la fiesta sin haber sido invitados si vienen con alguno de los que sí lo han sido, sin importar si la fiesta tiene lugar en su casa o en otro sitio. En cambio, no es lo más acertado (o lo más seguro) abrir libremente su casa a desconocidos de la calle, aunque, si se siente generoso, no le importe hacerlo si se encuentran en un bar, en cuyo caso es una decisión personal, no un deber.

6.3. ALGUNOS APUNTES ESPECIALES PARA EL ANFITRIÓN

6.3.1. Fumar

Si usted no fuma en su casa, no tiene por qué tolerar que lo hagan otros. No obstante, debe estar preparado para que, cuando haga frío, haya invitados que fumen por la ventana o en la entrada con la puerta abierta. En fiestas grandes en su propia casa, ponga un cartel en la puerta en el que pida amablemente a sus invitados que no fumen dentro de la casa. Si alguien se enciende un cigarrillo dentro, haga como que no se ha dado cuenta y deje que sea otro invitado el que le sugiera irse fuera.

6.3.2. Drogas

Como anfitrión, es su deber asegurarse de que todo el mundo lo está pasando bien. Si usted está «colocado» y al menos uno de sus invitados está sobrio, le será imposible hacer esto, así que piénseselo cuidadosamente antes de participar en el consumo de drogas.

Si nota que sus amigos están tomando drogas y usted preferiría que no lo hicieran en su casa, dígales discretamente que dejen de hacerlo. Cuando invite a consumidores habituales de drogas, llámelos antes del evento para indicarles que preferiría que no lo hicieran en su vivienda. Si su solicitud es denegada en algún momento, puede pedirles que se marchen.

6.3.3. Avisar sobre la vestimenta adecuada

Si desea que se lleve algún tipo específico de vestimenta en su fiesta o cena, especifíquelo en la invitación. Si lo que ha elegido es algo poco convencional, será precisa una descripción detallada.

Cuando invite a pasar un fin de semana fuera, diga a sus invitados qué tipo de actividades tiene planeadas y si alguna de ellas requiere alguna vestimenta especial o que se salga de lo que llevan habitualmente. Esto permitirá a sus invitados decidir qué tipo de ropa llevarse. Para un fin de semana en una granja, por ejemplo, botas de agua y zapatillas de deporte para el día, y ropa de fiesta para el baile de la granja por la noche.

6.3.4. Tratar con invitados borrachos

Si alguno de sus invitados le da a la botella demasiado, empiece a hacer circular agua mineral. Si el invitado está demasiado ebrio para captar la sutil indirecta, primero rescate a quien haya sido atrapado en una conversación con él y después ofrézcase a llamarle un taxi.

Si un invitado se pone enfermo debido al excesivo consumo de alcohol en su casa, está usted en la obligación de ofrecerle una habitación libre para pasar la noche, o facilitarle litros de agua hasta que la persona esté lo suficientemente sobria para irse a casa en taxi o con otro amigo.

6.3.5. Tratar con intenciones amorosas

Los anfitriones de las fiestas normalmente son objeto de afecto durante la noche, ya que es probable que sean, por definición, las personas más populares de la habitación.

Incluso aunque la fiesta se haya celebrado con el propósito particular de conocer a alguien especial, no es una buena forma de pasar la noche el estar achuchándose en un rincón como un quinceañero, ya que esto le impedirá relacionarse con el resto de los invitados. En lugar de eso, si hay alguien al que le gustaría «enganchar», utilice la fiesta como una oportunidad para quedar en otra ocasión más privada.

Si un invitado hace un movimiento no deseado hacia usted, quíteselo de encima bromeando y excúsese para ir a utilizar el servicio o para saludar a otro invitado. Cuéntele a un amigo cercano el aprieto en el que se encuentra y pídale su ayuda para rescatarle de las posibles conversaciones individuales con esa persona a medida que la noche continúe y se consuma cada vez más alcohol.

6.3.6. Despedirse y acompañar a la puerta

En fiestas de más de diez invitados no es necesario acompañar a la puerta a cada invitado para despedirle cuando se vaya.

6.4. TENER INVITADOS A DORMIR

Tener invitados a dormir puede ser un fastidio si no se está bien preparado. Tener unas cuantas personas más en la casa puede no parecer una gran tarea antes de que lleguen los invitados, pero auque los conozca de hace mucho tiempo o aunque sean muy divertidos, seguramente respirará aliviado cuando llegue el momento de que se vayan.

6.4.1. Reglas básicas

Informe sonriente a los invitados en el momento de su llegada de las normas de la casa. Por ejemplo, mencione si está permitido fumar en su interior o no; establezca un orden para utilizar el baño, añadiendo si hay un límite para el agua caliente; y si tiene pensado darles de comer en casa diga a qué hora. No es necesario que les deje su cama si no tiene una habitación libre, pero debe advertir a sus invitados antes de llegar que dormirán en el sofá o en un colchón de aire. Proporcióneles toallas limpias, una luz al lado de la cama, revistas para tener contento al insomne y una botella de agua y un vaso limpio.

6.4.2. Ofrecer algunas actividades

Si sus invitados se van a quedar más de un fin de semana no tiene que proporcionar la comida todos los días. Sin embargo, prepárese para proveer un mínimo: desayuno y una de las otras comidas de cada día. Deje claro qué comidas tendrán que solucionar por sí mismos sus invitados. En cambio, si sus invitados se van a quedar sólo para el fin de semana, debería ofrecerles un catering completo.

Usted ha acordado con sus invitados que se queden en su casa, pero no que vaya a estar inextricablemente pegado a ellos durante toda su larga estancia. Sus invitados pueden no conocer bien el área y las cosas interesantes que haya que ver o hacer allí, así que, durante una comida o mientras toman una copa a su llegada, coménteles las actividades que pueden realizar. Por supuesto, si quiere, sugiérales ir todos juntos, pero es prudente organizarlo de modo que dejen al menos una tarde, mañana o noche libre cada tres días para que los invitados y el anfitrión tengan la oportunidad de quitarse de la vista unos de otros, incluso si se trata sólo de un par de horas para darse un poco de espacio. Utilice una excusa del tipo: «realmente no deberíais perdéroslo, pero yo ya lo he hecho antes y, además, así tendré tiempo para poner la lavadora/llamar a mi hermana/sacar al perro».

6.4.3. Decir adiós

Si sus invitados se marchan a una hora prudente, o sea después de las 9:00 de la mañana y antes de las 23:00 de la noche, es de buena educación estar en el sitio para acompañarles a la puerta y poder despedirles, desearles un buen viaje, ofrecerles algo de comer por última vez y decirles lo maravilloso que ha sido tenerles allí (incluso aunque, de hecho, la pesada de su suegra le hubiera dado menos trabajo).

En cambio, si sus invitados se marchan a alguna hora intempestiva de la mañana o de la noche no hay necesidad de estar despierto.

A cambio, despídase cariñosamente de ellos al irse a la cama, indíqueles dónde están el armario donde guarda las cosas de picar y la nevera, y déles una llave de sobra para que cierren por fuera cuando salgan y la dejen en el buzón después.

6.5. INVITAR A AMIGOS DE VACACIONES

Piénseselo dos veces antes de invitar a alguien a pasar el fin de semana, pero hágalo tres veces antes de invitarles de vacaciones. Invitar a amigos con los que pasar su tiempo libre puede parecer una gran idea estando en casa, pero puede no parecerlo tanto una vez que están fuera y se sienta obligado a entretenerlos. Será una experiencia placentera para todos si se concretan con delicadeza unas normas durante la fase de planificación, dejando claro lo que se va a proporcionar y lo que no, estableciendo suficientes momentos para estar por libre, y sabiendo desde el principio cómo se va a organizar el asunto del dinero.

6.6. SER UN BUEN INVITADO

6.6.1. Responder a una invitación

Responda de inmediato a una invitación por el mismo medio por el que la ha recibido. Conteste a las invitaciones por escrito dentro de los cuatro días siguientes a su recepción. Responda a las invitaciones por correo electrónico o mensaje de texto al móvil reenviándolo. Si no le es posible contestar en esos plazos establecidos anteriormente, llame al anfitrión para explicarle su situación y pregúntele si le puede comunicar su decisión más adelante. Si se le olvida contestar a una invitación, llame para disculparse y pregunte si la invitación todavía sigue en pie.

6.6.2. La importancia del tiempo

Llegue a tiempo a las cenas. El anfitrión seguramente habrá pasado horas trabajando como un esclavo para preparar una suntuosa comida, y llegar con más de quince minutos de retraso puede arruinarla. Si cree que va a llegar tarde llame antes, con la máxima antelación posible, para avisar a su anfitrión, e insista en que empiecen sin usted. Cuando llegue, discúlpese efusivamente con el anfitrión y tome asiento en la mesa discretamente, tratando de no llamar la atención.

No llegue antes de tiempo a una cena. Dé una vuelta con el coche o pare a echar gasolina para hacer tiempo. Su anfitrión estará probablemente en medio de un ataque de nervios tratando de tener la casa o la comida preparada o de terminar de arreglarse él mismo, y tener que entretener a un invitado antes de la hora acordada sólo aumentará su angustia.

Si se trata de una fiesta, llegue en cualquier momento entre la hora señalada en la invitación y una hora después. Aun así, si va a llegar más de media hora tarde, envíe al anfitrión un mensaje al móvil para advertirle de que todavía tiene intención de ir.

Cuando la invitación es para pasar el fin de semana, si el viaje ha durado dos horas o más puede llegar desde una hora antes hasta una después (siempre que el anfitrión no esté preparando una comida caliente para su llegada). Si ha tardado menos de dos horas, llegue a la hora acordada (entreténgase en el bar del pueblo, si es necesario) o como mucho hasta media hora después. En cualquier caso, si va a llegar pronto debe llamar para advertir a su anfitrión. Si va a llegar más de 20 minutos tarde también es de buena educación llamar con antelación. Siempre es de buena educación llamar si se va a llegar más pronto o más tarde, pero si su anfitrión le va a esperar en la estación de tren, el aeropuerto o la parada del autobús, es mucho más necesario.

6.7. ASISTIR A UNA CENA O FIESTA COMO INVITADO

6.7.1. Alergias y necesidades alimenticias especiales

Si desea asistir a una cena a la que ha sido invitado, antes de confirmar su asistencia llame al anfitrión para hacerle saber si requiere algún tipo de alimento especial. Intente ser tan flexible como pueda; si, por ejemplo, puede saltarse la dieta por una noche sin arruinar todo el régimen, debería hacerlo. Comprenda que puede que al anfitrión no le sea posible cambiar el menú, en cuyo caso infórmele de que lamenta perderse su compañía, y sugiera ir al final de la cena para tomar una copa.

No puede usted llamar sólo para indicarle sus preferencias. Si no le gustan las moras y hay una tarta de manzana y moras de postre, no tendrá más remedio que o bien aguantarse o bien afirmar que ha comido demasiado durante la cena.

6.7.2. Hablar con los que tiene a izquierda y a derecha

Cuando está en una cena, hable con las personas que tiene a ambos lados en la mesa. Empiece hablando con el vecino de un lado y ofrézcale toda su atención. Cuando cambien de plato, cambie también de compañero de conversación. Si se ha metido mucho en conversación con la primera persona, debería cambiar de pareja antes del postre. Esté pendiente, no obstante, cuando haga el cambio, de que no haya planes previos de cambiar de sitios entre los platos.

6.7.3. Temas correctos de conversación

Temas adecuados de conversación pueden ser las aficiones, los animales de compañía (si ambos tienen), los hijos (si ambos tienen), el trabajo, el lugar de residencia o los viajes (véase el capítulo 2, sobre el arte de conversar, para más detalles). Evite la política, la religión, el dinero y las condiciones de salud.

6.7.4. Tratar con comentarios ofensivos

Si alguien con quien está hace un comentario políticamente incorrecto en términos de racismo, sexismo u homofobia y usted lo encuentra ofensivo, piense antes de atacar. ¿Ese comentario fue dicho en broma o en serio? Si fue dicho en broma déjelo correr; quizá el sentido del humor de esa persona no es de su agrado, pero puede que sólo esté tratando de entretener, no de ofender.

Sin embargo, si el comentario fue dicho en serio, considere qué es más importante, si la compañía de los de alrededor o sus principios. Incluso aunque el comentario haya sido realmente ofensivo, puede perder el favor de su anfitrión y de los otros invitados si monta una escena o hace que se enrarezca el ambiente. Si elige enfrentarse al xenófobo, defenderá sus principios, pero prepárese para irse a la primera oportunidad que surja y para no volver a ser invitado.

6.7.5. Qué ponerse

Si la invitación especifica un tipo de ropa en concreto, ya sea un disfraz, de etiqueta o ropa informal, adóptelo sin reservas, ya que ayudará al anfitrión a crear la atmósfera deseada para el evento. Si no se indica la vestimenta en la invitación y no está seguro de qué ponerse, llame al anfitrión o a otro invitado para ver cuál es el atuendo adecuado para la ocasión. Tome el tipo de invitación como pista: una invitación con las letras gravadas probablemente indique llevar esmoquin, mientras que un mensaje de texto al móvil, ropa informal. No obstante, no asuma riesgos; en caso de duda, llame al anfitrión.

6.7.6. Si se derrama bebida

Si derrama una bebida y el daño ocurre sólo en una pieza del mobiliario, empiece a limpiar la mesa o mueble con su servilleta inmediatamente para evitar que moje más cosas. Si la bebida ha caído sobre otro invitado, déle su servilleta para que se limpie él mismo y levántese a buscar otro artículo absorbente con el que ocuparse de la mesa. No trate de secar usted a la persona a la que ha manchado, especialmente si ha sido en la entrepierna. Si es usted el desafortunado receptor de un vaso de vino tinto sobre su ropa, tómeselo con elegancia. Pida permiso para retirarse de la mesa, límpiese lo que pueda, serénese y vuelva a la mesa con una sonrisa y un comentario tranquilizador del tipo de «de todas maneras, odiaba estos pantalones». Mienta si tiene que hacerlo, no es el momento de revelar que su abuela le había tejido esa prenda en su lecho de muerte.

Si es su propia bebida la que cae sobre usted mismo, atienda a la mesa primero y luego levántese para limpiarse usted.

6.7.7. Llevar invitados adicionales

Nunca lleve a nadie que no haya sido invitado a una cena. Esto incluye esposos, niños y mascotas. No pida aclaraciones al anfitrión si no ha mencionado sus nombres durante la invitación; debe asumir que no son bienvenidos. Si se encuentra, de improviso, en una situación en la que resulta difícil asistir a la cena sin la compañía de esa persona extra, su siguiente movimiento dependerá de la relación que tenga con el anfitrión. Si es uno de sus diez mejores amigos, puede llamarle para explicarle la situación y preguntarle si es posible llevarle también. Si el anfitrión accede, deberá aparecer con un gran regalo o enviárselo después, agradeciéndole expresamente haberle ayudado en esa delicada situación. Si el anfitrión dice que es imposible, la persona adicional tendrá que encontrar la forma de entretenerse sólo esa noche.

Si el anfitrión no se cuenta entre uno de sus diez mejores amigos, no debe preguntarle por ese «uno más» de último momento, y su asistencia a la cena sigue siendo obligatoria. Si considera necesario estar con esa persona, cuéntele la situación al anfitrión explicándole por qué debe cancelar su asistencia a última hora. El anfitrión podrá, o no, entonces, ofrecerse a acomodar a ese invitado extra, pero, sea cual sea el resultado, mejor que sus razones para llevarle sean buenas (y no caigan en la categoría de «mejor oferta; véase más abajo), ya que si el anfitrión lo considera injustificado probablemente no le vuelva a invitar.

Para una fiesta en la que no hay comida, si desea llevar un invitado adicional llame al anfitrión para asegurarse de que está de acuerdo. En este tipo de fiestas lo más probable es que no se oponga, pero si lo hace, acepte su decisión elegantemente y sin discusión.

6.7.8. Quejas

Indique al anfitrión si hay algún problema o fallo sólo si se trata de algo que pueda ser peligroso para la salud, como por ejemplo que el pollo esté crudo.

6.7.9. Elogios

Si el anfitrión ha dedicado su tiempo en organizar un evento al que usted ha asistido, es de esperar que haya elogios y que éstos fluyan libremente. No obstante, después de la cena deberá alabar toda la comida, con todos sus elementos. Elogiar sólo algunas partes concretas sugiere que el resto ha sido un desastre.

6.7.10. Mejores ofertas

En un momento u otro, todos hemos aceptado alguna invitación (por ejemplo, entradas para un concierto de una banda que toca canciones de los *Take That*), y nos hemos encontrado después con una oferta mejor disponible (entradas para un concierto de los propios *Take That).* Sin tener en cuenta la diferencia en valor o en compañía, nunca acepte la oferta mejor. La única excepción a esto es si esa mejor oferta es una ocasión única en la vida de un amigo (por ejemplo, su fiesta de compromiso o su boda), en cuyo caso debe deshacerse en excusas con su primer compromiso y volver a programar inmediatamente una próxima cita para verse en la que sea usted el que invite.

6.7.11. Ayudar al anfitrión con los más tímidos

Ayude a los anfitriones a incluir a los que parecen tímidos o fuera de la diversión. Los anfitriones se preocupan de que no todos los invitados lo estén pasando bien. Ayúdeles a incluir a todo el mundo en las conversaciones para paliar este temor.

6.7.12. Intenciones amorosas

Si le ocurre que encuentra al «futuro amor de su vida» en una fiesta, se le permite un beso discreto, un poco de cháchara y el intercambio de datos de contacto. Eso es todo. Es de mala educación «darse el lote» abierta y repetitivamente en público, buscar una esquina oscura para meterse mano o escabullirse a una habitación vacía para algo más, ya que esto le mantendrá apartado de su deber como invitado de estar metido en la atmósfera general de la fiesta. Asegúrese de que sus intenciones amorosas se dirigen sólo hacia uno de los invitados, ya que, en estos eventos, mucha gente se conoce de antes, y su falta de «fidelidad» será vista con desagrado.

6.7.13. Tratar con atenciones no deseadas

Si una persona de la fiesta parece querer algo más que una simple charla con usted y esas atenciones no le son gratas, incluya a alguien más en la conversación y luego salga de ella. Si no capta el mensaje, sonría educadamente y aclárele que no está buscando a nadie en ese momento.

6.7.14. Curiosear

Aunque no sería muy sensato que, como anfitrión, dejara las medicinas para un tratamiento médico privado en el tan accesible armarito del baño, como invitado es un deber ignorar su curiosidad sobre la vida privada de sus anfitriones. No fisgonee.

6.7.15. Saber cuándo se ha acabado la fiesta

La fiesta se ha acabado cuando uno o varios de los anfitriones se van a la cama, cuando el anfitrión no puede parar de bostezar, cuando el bar está seco, o cuando todo el mundo empieza a ponerse el abrigo y se dirige a la puerta.

6.7.16. Despedirse

En una fiesta, si el anfitrión está ocupado con otro invitado y hay más de veinte personas en la sala, es aceptable saludar de lejos con la mano o incluso irse sin decir adiós (aunque si hace esto, es esencial que envíe un mensaje dando las gracias después). No hay necesidad de decir adiós individualmente a cada persona con la que ha hablado, pero si es un hombre y hay más de cuatro mujeres en la sala trate de no besar a una a no ser que quiera pasarse otra media hora besándolas a todas.

6.8. DE FIN DE SEMANA COMO INVITADO

No importa lo bien intencionada que sea una invitación. Cuando sea posible, quédese en un hotel u hostal cercano en vez de en casa de quien le invita. Así se reducirán tensiones para ambas partes y, además, como tenga que pagar por algún objeto roto e invitar a los anfitriones a una excursión y a cenar fuera, el coste para su bolsillo será prácticamente el mismo.

6.8.1. Animales y miembros de la familia adicionales

Los animales y los miembros de la familia adicionales no son bienvenidos si no han sido incluidos en la invitación. Ya es suficientemente difícil entretener a una persona o a una pareja durante un fin de semana sin su séquito de perros, gatos, hamsters, periquitos y niños.

Si le cuesta mucho dejarlos, quédese en un sitio donde admitan a este tipo de criaturas y visite a sus amigos durante el día.

6.8.2. Adaptarse al estilo de vida de los anfitriones

Las personas tienen hábitos de vida diferentes. Unos duermen hasta tarde, mientras que a otros les gusta levantarse temprano. A algunos les gusta ducharse, a otros bañarse. Unos rinden culto los sábados por la tarde yendo a la iglesia, otros rinden culto a la botella y se dirigen al bar más cercano. Cualesquiera que sean las costumbres normales de su anfitrión, ajústese a su estilo de vida durante los pocos días en los que estará de visita, y asegúrese de que su rutina diaria no se vea alterada por su presencia. Levántese antes de lo que lo haría normalmente o entreténgase en silencio leyendo una revista o saliendo a dar un paseo mientras espera a que se levanten. Compruebe que sus hábitos de ducha o baño no dejan a los anfitriones sin agua.

6.8.3. Darse tiempo libre

Utilice guías de viaje o Internet para informarse sobre lugares a los que ir o cosas que hacer en la zona, de modo que pueda sugerir alguna actividad. Si los anfitriones le sugieren hacer alguna de esas actividades sin su compañía, no proteste y hágalo: a lo mejor quieren tener algún tiempo libre para ellos.

6.8.4. Llevar ropa práctica

Aunque el anfitrión no mencione ninguna prenda en particular que pueda necesitar para el fin de semana, piense en el entorno en el que va a estar y qué ropa es apropiada. Hable con su anfitrión y pregúntele qué va a necesitar si no está seguro. Si esto no es posible, asegúrese de llevar un par de zapatillas de deporte, unos vaqueros, un abrigo o chaqueta impermeable y algo adecuado para salir o para una fiesta.

6.8.5. Déjelo todo limpio y ordenado

Aquí tiene algunos consejos útiles para cuando esté de invitado en casa de alguien:

- No asuma que las cosas que están en las áreas comunes de la casa están ahí para que usted las use, incluidos los libros y los CD.
- Utilice un neceser para sus productos de aseo que pueda guardar en un su habitación en vez desparramarlos por el baño de su anfitrión.
- Si rompe algo, confiéselo inmediatamente y pague por el daño o reemplace el objeto.
- A no ser que haya personal de servicio en la casa, ofrézcase a fregar los platos si su anfitrión está haciendo las comidas.
- Deje todo como se lo ha encontrado. Doble las toallas y haga la cama, aunque sepa que el anfitrión lo lavará todo cuando se vaya.

6.8.6. Pagar e invitar a sus anfitriones

Los gastos de toda la estancia no deben recaer completamente en sus anfitriones, ya estén en su casa o de vacaciones con ellos. Además de traer un pequeño regalo a su llegada y enviarles otro mayor cuando se marche, invite a sus anfitriones a todo lo que sea posible. Pague usted las comidas de mediodía y las excursiones: ellos ya se toman la molestia de ofrecerle un sitio para quedarse y le facilitan las otras comidas.

6.8.7. Despedirse

No se quede más de la cuenta. Dé las gracias a sus anfitriones y ofrézcales devolverles el favor pronto. Si tiene que irse a una hora poco conveniente, no espere a que sus anfitriones se levanten para decirle adiós. Si se ofrecen, insista en que se queden en la cama.

6.9. ALGUNOS APUNTES ESPECIALES PARA EL INVITADO

6.9.1. Fumar

No fume en casa de sus anfitriones a no ser que ellos mismos lo hagan. No pida permiso para fumar. Aunque sus anfitriones no se opongan, no fume por la ventana o en la puerta de la casa, ya que es fácil que el humo entre dentro. Salga fuera y cierre la puerta detrás de usted. No tire las colillas en el jardín de la casa. Pídale un cenicero a su anfitrión y no dé por sentado que puede usar un plato o una taza. Nunca se encienda un cigarrillo antes de que la que comida haya terminado del todo.

6.9.2. Consumo de alcohol y disculpas posteriores

Consuma alcohol con moderación. Si esto se le va de la mente, intente recordar que en cuanto se le empiece a trabar la lengua o a caerse, debe beber un gran vaso de agua e irse a casa. Si un amigo se ofrece a llamarle un taxi, acepte la oferta. Tambalearse o arrastrar las palabras son acciones que no necesitan disculpa posterior siempre que haya mantenido el buen humor. Si, en cambio, cuando se despierte recuerda (o le cuentan) que se puso agresivo, pesado o que vomitó en la fiesta, discúlpese inmediatamente. Envíe una nota de su puño y letra y un enorme ramo de flores o cualquier otro detalle, disculpándose por haber bebido demasiado, quizá diciendo que se lo estaba pasando tan bien que perdió la cuenta de las copas que llevaba.

6.9.3. Tratar con invitados borrachos

Si nota que algún otro invitado ha bebido demasiado alcohol, ayúdele a disimular su estado. Dígale que se va a beber usted un vaso de agua y ofrézcale otro a él. Ofrézcase a llevarle a casa en su coche o compartiendo un taxi.

6.10. NOTAS DE AGRADECIMIENTO Y REGALOS

Las notas de agradecimiento se deben enviar dentro de las 24 horas siguientes al evento. Si no lo hace en ese plazo, en cualquier caso mejor tarde que nunca. El estilo de la nota dependerá de la formalidad del evento y de la edad del anfitrión. Si éste tiene menos de 35 años y el evento era informal, bastará con un email o un mensaje de texto al móvil. Si el anfitrión tiene más de 35 años o el evento era formal, se requiere una nota escrita a mano. La nota no tiene que ser larga, pero debe ser personal y contener cumplidos sobre el evento. Por ejemplo:

> «Queridos Paula y Antonio (omitir en mensajes de móvil):
>
> Muchas gracias por una velada encantadora, la cena ha sido realmente deliciosa. El chiste de la oveja que ha contado Pedro ha sido el más gracioso que he oído en mucho tiempo.
>
> Esperamos volver a veros pronto.
>
> JUAN Y ANA».

Para las ocasiones en las que los anfitriones han sufrido algún inconveniente por su culpa, por ejemplo, porque ha llegado tarde o se ha quedado a dormir, la nota descrita anteriormente debería ir adjunta a un regalo, como se explica a continuación.

6.10.1. Regalos

Los mejores regalos son aquéllos en los que el que regala ha pensado en los gustos del que lo recibe y pensándolo muy bien. Por supuesto, existen algunas opciones que nunca fallan: flores, bombones o alguna bebida.

Al contrario que con los regalos para las ocasiones especiales, los regalos que se dan a los anfitriones no necesitan estar envueltos, y los que regalan no deben esperar ninguna nota de agradecimiento. Estos regalos se pueden entregar al principio del evento o deliberadamente cuando ya haya pasado. Si quiere darle el regalo al llegar no lleve nada que requiera una atención especial inmediata, como flores cortadas; en su lugar lleve flores preparadas ya con recipiente de agua o una planta en una maceta. Si lleva regalos como bombones o vino, entréguelos haciendo algún comentario como «guárdalos para luego, los necesitarás después de tanto trabajo», o alguna otra cosa agradable para indicar que no espera que los abra en ese momento.

7

ASPECTO PERSONAL

En este capítulo aprenderá cómo debe:

- Arreglarse.
- Vestir adecuadamente para el día a día, el trabajo y las ocasiones formales.

Normalmente se dice que no se puede juzgar un libro por su cubierta. El problema es que si ese libro posee una cubierta llamativa y una faja con críticas muy favorables en preciosas letras en relieve, seguramente captará mucho mejor su atención y se ganará al menos una hojeada por su parte, que uno con una tapa gris arañada y con una banda tan descolorida que es imposible distinguir que se trata del libro del año. Lo mismo pasa con las personas.

Ese tipo que nos encontramos en el supermercado sin afeitar, con el pelo enredado y sin peinar, con un calcetín morado y otro gris, pantalones de pana llenos de manchas y la cazadora rota podría ser tanto un profesor de astrofísica de la Universidad de Cambridge como un vagabundo, pero casi nadie se arriesgaría (o perdería su tiempo) a averiguarlo.

Al profesor de astrofísica puede que no le importe que no se le acerque nadie y que disfrute con su particular *look*. En algunas profesiones, algunos incluso piensan que vestir de forma desarrapada o extraña es un signo de inteligencia; un alarde visual de arrogancia intelectual, un símbolo de que esa persona no se preocupa por la trivialidad de vestir adecuadamente, ya que su mente niega la importancia de la belleza exterior. Si embargo, además de para que, simplemente, la gente se le pueda acercar, vestirse bien es un signo de respeto hacia aquellos con los que se encuentra. Asimismo, es muy conveniente apuntar que incluso el brillante profesor de astrofísica no se atrevería a dar clase a sus estudiantes sólo con un tanga puesto, aunque haya acabado de descubrir un noveno planeta.

A continuación se exponen unas cuantas normas para vestir de forma segura y respetuosa y sobre cómo arreglarse. Las mujeres y hombres modernos pueden sentir la necesidad de adaptar su vestuario a las modas y estilos actuales, y nada más lejos de la intención de este libro que persuadirles de lo contrario. Sin embargo, antes de llevarlo al límite, recuérdese a sí mismo que a veces vestir como les gusta a los demás es más importante y respetuoso que vestir de un modo que reafirme su individualidad.

7.1. ARREGLARSE

7.1.1. Hombres y mujeres

Encuentre un buen peluquero para mantener al día su peinado, y visítelo al menos cada dos meses, o cada seis semanas si puede permitírselo. Dé al peluquero unas pautas sobre el largo, pero después confíe en su criterio. Puede ser doloroso renunciar a esa coletilla por la que se derretía su primera novia o novio en los ochenta, pero es más doloroso para los demás tener que ver ese corte de pelo horrible veinte años después. Un aviso para los hombres: ni el pegamento mantendrá su pelo pegado en un día de viento si es usted calvo y elige lucir ese peinado que deja largo el pelo de un lado de la cabeza y lo peina sobre la calva.

Cuide sus manos y pies. Hidrátelos con frecuencia, eliminando las durezas, y mantenga las uñas bien cortadas, limadas y limpias. No se muerda los pellejitos de alrededor de las uñas: los dedos con sangre son tan antiestéticos como las uñas sucias. Cúrese las infecciones, como verrugas u hongos, de inmediato, para evitar contagiarlas a los demás.

Nunca se arregle en público. Ni siquiera la persona con más estómago permanecerá imperturbable mientras usted se explota un grano, se corta las uñas o los pelos de las orejas o se aplica el maquillaje en el autobús en hora punta. Y nadie más que usted debería tener que recoger después sus uñas cortadas o los pelos de sus orejas.

7.1.2. Mujeres

Depile completamente sus axilas y sus piernas hasta donde le llegue la más corta de sus faldas. Aféitelas, hágase la cera o utilice crema depilatoria mientras baila en la ducha, pero depílese. La igualdad y el antifeminismo no tienen nada que ver aquí. Las mujeres no quieren ver sus piernas peludas tanto como los hombres.

El mejor maquillaje es siempre el más natural. No utilice un tono más oscuro que el de su piel para parecer bronceada. Recuerde que los maquillajes, como los peinados, también se pasan de moda. Tire ese pintalabios rosa fosforito junto con esas plataformas de los noventa.

Lleve las uñas limpias y con una longitud cómoda. Si se las pinta, elija con cuidado el color, utilizando uno claro o manicura francesa para ir a trabajar. Las uñas más oscuras pueden parecer de vampiresa, así que piénselo cuidadosamente antes de pintarlas así para coordinarlas con el resto de su vestimenta. Retire el esmalte tan pronto como empiece a descascarillarse.

7.1.3. Hombres

La cuestión de la eliminación del pelo es más un asunto de calidad que de cantidad. Si ha decidido dejarse crecer algún tipo de seto facial, manténgalo bien cuidado y recortado. Si no, aféitese todas las mañanas, y se le crece muy rápido la barba considere llevar consigo un set de afeitado de viaje para volver a afeitarse antes de las reuniones de la tarde. Pero la eliminación del vello es algo más que esto. A medida que se hace mayor, sus pelos pueden empezar a emigrar de la cabeza a cualquier otra parte de su cuerpo, dejándole con un aspecto muy chic de hombre lobo calvo. Si se está volviendo más peludo, depílese las cejas y corte los pelos que sobresalen de la nariz y de las orejas.

Lleve las uñas cortas y no se las pinte, aunque su cantante favorito lo haga; incluso en estos tiempos modernos, las uñas pintadas no forman parte del aspecto bien arreglado de un caballero. Considere ir a hacerse la manicura para que tanto hombres como mujeres le quieran dar la mano.

7.2. HIGIENE PERSONAL

7.2.1. Hombres y mujeres

Dúchese cada mañana y lávese el pelo a conciencia, utilizando un champú anticaspa si es necesario. Su usted suda mucho o ha hecho ejercicio a lo largo del día, dúchese de nuevo. Utilice un antitranspirante fuerte. No es un «rubor», es sudor, que olerá cuando se seque.

Póngase perfume o colonia, pero aplíquelo moderadamente, de forma que sólo pueda olerlo quien le abrace. No se rocíe con colonia o perfume en público. Lo que a su pareja le pueda parecer sexy, otros pueden considerarlo como inductor de un shock anafiláctico, e incluso algunos otros pueden pensar que huele a pis de gato.

Lávese las manos con regularidad durante el día para evitar esparcir gérmenes, pero hágalo especialmente después de ir al servicio y antes de comer. Utilice jabón y frote durante al menos 15 segundos, prestando atención a la parte de debajo de las uñas y el dorso de las manos.

Límpiese la nariz y las orejas antes de salir de casa. Hágalo en la intimidad de su cuarto de baño o en el interior de un servicio, pero fuera de la vista de los demás. Lávese las manos a conciencia (como se ha descrito anteriormente) cuando termine.

Cepíllese los dientes y pásese el hilo dental. Utilice también un colutorio bucal. El mal aliento es causado, a menudo, por los restos de comida que quedan entre sus dientes. Considere comprarse un bote de tamaño de viaje de enjuague dental para utilizarlo a lo largo del día. Tome un caramelo de menta cuando alguien se lo ofrezca.

7.3. ROPA DE DIARIO

Cuando elegimos nuestro vestuario diario, dejamos vislumbrar algo de nuestra personalidad a completos desconocidos. En otras ocasiones, la ropa actúa como un uniforme que une a un grupo con un atuendo formal.

7.3.1. Ropa interior

La ropa interior se debe llevar debajo del resto de la ropa. Las tiras del sujetador no deben verse hasta que no sea el momento de enseñarlo entero; los calzoncillos y bragas no deben asomar por encima de los pantalones; las ligas sólo deben llevarse con faldas lo suficientemente largas como para taparlas totalmente. Asegúrese de llevar ropa interior en buenas condiciones; nunca se sabe cuándo puede aparecer la oportunidad de tener que enseñarlo. La ropa interior que se ha vuelto grisácea no es bonita. Su ropa interior debe ser también funcional. Mídase una vez al año para comprobar su talla de sujetador, y lleve braguitas que dejen transpirar. Las de nailon dorado pueden ser muy *«fashion»*, pero pueden hacer que las cosas se pongan muy húmedas y malolientes por ahí abajo.

Sobre todo, use ropa interior. Sólo Dios sabe lo que puede contagiar, coger, dejar caer o manchar sin ella.

7.3.2. Ropa informal

Ir informal o de sport no quiere decir ir descuidado. La mejor ropa informal es cómoda, adecuada al tiempo meteorológico y con buen aspecto. No es la rota, manchada o cubierta de agujeros por el uso.

La ropa de sport puede ser a la moda y las opciones son ilimitadas, pero tanto si viste de gótico como si va como una *top model*, la ropa debe estar limpia, en buenas condiciones y apta para que la vean los niños. Además, no se debe confundir ropa de sport o informal con ropa de deporte (véase a continuación): el chándal y los pantalones cortos de *lycra* es mejor dejarlos para hacer deporte.

Los zapatos deben ser cómodos. Dependiendo de la ocasión o tarea a realizar se pueden llevar zapatillas deportivas, pero para eventos donde se indica que hay que hay llevar un atuendo informal, es más conveniente ponerse otro tipo de calzado.

Póngase ropa de sport para tareas informales y ocasiones tales como ir de compras o visitar a amigos. Se consideran prendas apropiadas cualquiera que no sean chaqueta y corbata, pero es mejor evitar las camisetas con mensajes ofensivos, las transparencias y las faldas tan cortas que enseñan hasta la celulitis.

Las prendas hechas de tejidos lavables a máquina, como el *denim* o el algodón, son las más apropiadas, pero otras más delicadas, por ejemplo de lana o cachemir, también se pueden llevar si el diseño de la prenda es sencillo (por ejemplo, sin lentejuelas añadidas).

7.3.3. Ropa de deporte

Cuando haga deporte, utilice ropa adecuada para el ejercicio y para el entorno en el que lo esté practicando. Póngase ropa específica para deporte, no simplemente la camiseta más vieja y desteñida que tenga. Considere ponerse colores oscuros en vez de claros, ya que ocultan mejor las manchas de sudor. Use siempre ropa limpia cada vez, aun sabiendo que al final de la sesión tendrá que lavarla.

Utilice zapatillas que le sujeten los pies y ropa interior que sujete lo que necesite sujetar (hombres o mujeres). Aténgase a las normas del sitio donde esté practicando el deporte en lo que se refiere al tipo de suela de las zapatillas, ya que algunas dañan la superficie del suelo o de la pista. Esté preparado a que le miren si lleva un conjunto de *lycra* muy ajustado, brillante o algo por el estilo. El tejido vaquero no es apropiado, ya que dificulta el movimiento.

Tanto en el gimnasio como al aire libre, no son adecuadas las prendas que se le suban más de lo que le gustaría enseñar en una discoteca.

Si está al aire libre, póngase ropa que le mantenga lo suficientemente caliente. En invierno, lleve chándal, anorak y guantes ligeros. En verano, utilice pantalones cortos y camiseta. De nuevo, asegúrese de llevar el calzado adecuado.

Cuando esté viendo a otros hacer ejercicio, como por ejemplo si acude a un partido de fútbol, la ropa apropiada es la misma que hemos descrito como ropa informal o de sport, pero renunciando si es necesario a la ropa de deporte para adecuarse a las condiciones meteorológicas.

7.3.4. Ropa para el baño

Recuerde que está en la playa o en una piscina, no en el plató de una película porno. Sin ninguna duda, utilice bikini o bañador de slip (si realmente tiene que hacerlo, aunque unos bermudas le harán ganar puntos en estilo), pero evite los tangas y las prendas hechas de cuero o PVC, incluso aunque se dirija a una playa nudista. Recuerde también que el blanco se convierte en transparente cuando se moja, a no ser que lleve forro. Compruebe, antes de quitarse ninguna parte de su traje de baño, que en esa playa se acepta el *topless* o el nudismo. Y si es una playa nudista y la gente a su alrededor está mostrando sus marcas del bañador, «donde fueres...».

No sustituya nunca el bañador por la ropa interior.

7.3.5. Vestimenta informal elegante (smart casual)

Para los hombres esto significa que deben llevar algo con algún tipo de cuello, ya sea un polo o una camisa. A pesar de que la definición variará según la edad y la situación, es mejor llevar zapatos (no deportivas o chanclas) y pantalones largos que no sean vaqueros. No hay que llevar corbata; un jersey (no una sudadera) o una chaqueta de punto o lana serán suficientes, y también se puede llevar americana.

Para las mujeres significa llevar ropa un poco más elegante que la de sport normal. Simplemente evite los vaqueros, las zapatillas de deporte y las sudaderas.

7.4. ROPA PARA IR A TRABAJAR

Dependiendo del lugar de trabajo, será apropiado un estilo de vestir u otro. A los dueños de una firma o de una revista de moda no se les ocurriría nunca obligar a sus empleados a cambiar su creatividad por un traje negro, mientras que en una empresa de servicios financieros no dejarán pasar a nadie que lleve algo tan informal como un polo.

A no ser que haya un uniforme o unas normas de vestir específicas, una forma de vestir «segura» es seguir las reglas preestablecidas por los que trabajan en la empresa. Peque siempre de exceso de formalidad hasta que se acostumbre a lo que es aceptable en su lugar de trabajo.

7.4.1. Ropa de trabajo informal

Esta forma de vestir es la habitual en la mayoría de las oficinas que no se dedican a las finanzas. Profesores, médicos o periodistas visten de esta manera a diario, dejando la ropa formal (descrita más adelante) para reuniones o entrevistas. Como norma general:

- Parte de arriba: ni grandes escotes ni pelo del pecho visible.
- Parte de abajo: ni vaqueros, ni pantalones *cargo* o de camuflaje, ni minifaldas (más de 5 centímetros por encima de la rodilla), ni pantalones cortos, a no ser que exista una norma que indique específicamente llevar ropa de sport.

- Zapatos: ni tacones imposibles, ni chanclas o zapatos de deporte.
- En general, evite la ropa de colores fluorescentes, con estampados excesivos o chillones, como puedan ser aquéllos con grandes logos de diseño, lentejuelas o de tejidos brillantes.

Los trajes son demasiado formales para este estilo de vestir, aunque se pueden llevar americanas con otro tipo de ropa más informal. En algunas empresas se define específicamente esta forma de vestir como aceptable, en cuyo caso siga las pautas al pie de la letra, tomándolo como si fuera un uniforme no estructurado.

7.4.2. Ropa de trabajo formal

Este tipo de vestimenta se utiliza hoy en día en las oficinas menos creativas y más de cara al público, como los abogados o los profesionales de las finanzas. Los trabajadores de otras profesiones la usan normalmente en conferencias o reuniones formales.

Las prendas adecuadas para las mujeres son, entre otras:

- Trajes de chaqueta: combinando las parte de abajo y arriba en tejido y color (gris, negro o azul marino); lisos o de raya diplomática; los trajes pantalón deben ser mejor amplios que ceñidos; los trajes de falda o vestido se consideran más formales, pero el largo de la falda debe estar entre dos centímetros y medio por encima de la rodilla hasta la mitad de la pantorrilla.
- Medias o calcetines en colores naturales o negro, para coordinar con el traje.
- Zapatos cerrados: que combinen en color; con el traje tacón bajo o planos, sin elementos brillantes ni adornos.
- Blusa o camisa: planchada y limpia, de colores lisos y sin estampados que distraigan.
- Lleve un sujetador que sujete bien y que no se note, y pocas joyas (pendientes pegados a la oreja y un collar o colgante). El pelo y las uñas deben estar limpias y de un color natural, y el maquillaje debe pasar desapercibido. Evite la exhibición de marcas y la ropa con volantes o estilos que se puedan considerar sexy.

Prendas adecuadas para los hombres:

- Traje de chaqueta: chaqueta que cubra la entrepierna y el trasero; en gris, azul marino o negro; lisos o de raya diplomática (los trajes con doble botonadura pueden quedar algo desaliñados al sentarse).
- Camisa: planchada, en color oscuro o en un pastel que coordine.
- Chaleco (opcional, pero práctico en un día caluroso para ocultar las manchas de sudor).
- Cinturón: negro, para coordinar con los zapatos (evite los cinturones con hebillas brillantes con logos muy evidentes).
- Calcetines: oscuros, que coordinen con el traje; nunca calcetines de deporte.
- Corbata: planchada y conjuntada con la chaqueta y la camisa; el final de la corbata debe tocar con el cinturón.
- Zapatos: normalmente de piel, conjuntados con el cinturón, limpios y pulidos; botas no.
- Evita las marcas muy evidentes, las joyas o los relojes brillantes.

7.4.3. Atuendo para una entrevista de trabajo

Los entrevistadores toman decisiones sobre si es usted adecuado para el puesto no sólo por lo que dice (la metafórica hojeada al libro) sino también por su aspecto y su lenguaje corporal. Si no está seguro de lo que se espera que lleve usted puesto, peque en exceso hacia lo formal (i.e. vea lo expuesto anteriormente sobre ropa de trabajo formal). Aunque luego el estilo de vestir en esa empresa sea ir en vaqueros, muchos entrevistadores probablemente esperarán verle trajeado para el proceso de selección.

Cuando vaya a elegir la ropa para una entrevista, piense en lo que se llevaría en el día a día en ese trabajo y prepare su vestimenta de acuerdo con eso pero subiéndole un punto de formalidad. Póngase lo que se pondría en una entrevista con un cliente importante una vez que le hubieran dado el puesto. Muchos entrevistadores le juzgan en función de lo que piensan que sus clientes percibirán de usted. Los entrevistadores para un puesto creativo, tales como un diseñador de moda, por ejemplo, se horrorizarían si el entrevistado apareciera con traje gris y corbata, pero un financiero rechazaría inmediatamente a una candidata que llevara el último modelo de Gucci rosa chillón sin tirantes. Para cualquiera que sea el puesto, no lleve nunca ropa atrevida, zapatillas o ropa de deporte o vaqueros a una entrevista de trabajo.

7.5. ATUENDO FORMAL

7.5.1. De etiqueta o de gala

Es la vestimenta más formal. Si se va requerir en un evento, estará con toda seguridad indicado en la invitación. Esté preparado para vestir de etiqueta en visitas a jefes de estado, bailes de gala y en algunas ceremonias universitarias muy formales.

Los hombres deberían llevar lo siguiente:

- Frac negro con solapas de seda.
- Pantalón negro con una o dos listas de satén.
- Camisa blanca de pechera dura o muy almidonada.
- Cuello subido y duro.
- Pajarita blanca.
- Chaleco blanco.
- Calcetines negros largos.
- Zapatos negros de charol.
- Medallas, bandas u otras condecoraciones en caso de un acto con trasfondo militar, político o de la realeza.
- En el exterior, se llevaría un sombrero de copa negro de seda y capa o abrigo.
- El uniforme militar también es apropiado en estos eventos.

Para las mujeres, un vestido largo de gala y joyas son el atuendo básico de etiqueta. El vestido de gala es tradicionalmente de una pieza y largo hasta los tobillos. Si hay que llevar «adornos de estado», se llevan en un lazo prendido en el pecho, y las mujeres casadas llevan una diadema si la tienen.

A pesar de que las joyas como pendientes, un collar, anillos y pulseras son convenientes, el reloj no se considera apropiado y es mejor guardarlo en el bolso de mano para consultarlo discretamente.

7.5.2. De noche o de esmoquin

Es la forma de vestir para eventos formales de noche. De los hombres se espera que lleven esmoquin. Esta vestimenta se lleva exclusivamente en funciones que se celebran de noche, en algunas cenas privadas o públicas, bailes y fiestas formales. Como en el caso de la ropa de gala, si se requiere este tipo de atuendo debería especificarse en la invitación. Si hay lugar a otra interpretación, una llamada al anfitrión le salvará del ridículo.

Para los hombres, los elementos que conforman este atuendo son:

- Esmoquin con solapas de seda o raso, chaqueta de una sola botonadura con uno o dos botones.
- Pantalón negro con una cinta de seda lateral en cada pernera (sin cinturón ni vuelta).
- Camisa blanca con pechera plisada (normalmente abrochada con botones y gemelos a juego).
- Pajarita negra de seda y de lazo (que no esté previamente hecha, aunque le cueste mucho hacer la lazada).
- Fajín negro (con los pliegues hacia fuera) o chaleco (opcional).
- Calcetines negros.
- Zapatos negros de charol.

Aunque haga calor, sólo se puede quitar la chaqueta si el caballero de más categoría presente o el anfitrión se quitan la suya (si, de hecho, es usted el que está en esa posición privilegiada de poder elegir, es mejor que se levante y se la quite de forma visible para que los demás hombres reciban el permiso implícito para quitarse las suyas).

Aprenda a hacerse el lazo de la pajarita. Los modelos que ya vienen hechos todavía están mal vistos. Además, no hay nada más atractivo que un hombre después de una fiesta, a las cuatro de la mañana, con la barba empezando a asomar, el primer botón de la camisa desabrochado y la pajarita desecha alrededor del cuello.

Se puede llevar un pañuelo blanco (de algodón, lino o seda) en el bolsillo delantero de la chaqueta. Si el tiempo es frío, para el exterior también se admite un abrigo negro o azul oscuro y una bufanda blanca de seda, pero el sombrero de copa está reservado para los eventos de gala o máxima etiqueta.

Como alternativa al esmoquin se puede llevar el uniforme militar.

Para las mujeres, el atuendo puede ser diverso. Aunque se aceptan los vestidos algo más cortos, peque de exceso hacia lo formal: vestido largo hasta los tobillos o hasta el suelo. Se aceptan como accesorios relojes de vestir, pulseras, pendientes y collares, y se debe llevar un bolso de mano para llevar el maquillaje y otros elementos esenciales para la noche.

7.5.3. De tarde o de cóctel

Los hombres deberían vestir de esmoquin. En caso de duda, póngase un traje (que no sea de raya diplomática) y una corbata.

Si parece que la fiesta va ser bastante formal (por ejemplo, si la invitación ha llegado por correo en vez de por email, teléfono o mensaje al móvil), es correcto pedirle al anfitrión unas pautas, por si se espera que lleve esmoquin.

Las mujeres deben llevar vestido corto (por la rodilla o por encima), pantalón de vestir o traje de chaqueta con falda. Los trajes de chaqueta de pantalón no entran en esta categoría. Adornos como lentejuelas o abalorios son apropiados.

7.5.4. De mañana o de chaqué

El chaqué es frecuentemente utilizado en bodas, pero también en ciertos funerales. El corte de las chaquetas del chaqué y del frac se diferencian en que este último está hecho de forma horizontal, mientras que el corte de la del chaqué es oblicuo. El chaqué y el frac se deben usar sólo en eventos de día; su equivalente de noche es el frac, aunque los tiempos modernos perdonan a quien no se cambian cuando anochece.

Los elementos del atuendo formal de mañana son:

- Chaqué (normalmente negro).
- Chaleco (de botonadura doble o simple).
- Pantalón de corte clásico (normalmente de rayas grises, sin vuelta), sujeto con tirantes.
- Camisa de puño doble para gemelos.
- Cuello duro blanco (de vuelta normal o de pajarita).
- Pañuelo de cuello (con cuello de pajarita) o corbata (con el cuello de vuelta normal).
- Zapatos negros de piel (no de charol).
- Sombrero de copa de seda negro o gris (opcional).
- Guantes de gamuza o piel.
- Bastón (opcional).

En funerales, se usa tradicionalmente corbata negra o gris, pero actualmente esa regla es menos rígida.

Las mujeres que acompañen a hombres de chaqué deben llevar vestidos o faldas con largo que vaya desde la rodilla hasta la mitad de la pantorrilla. Los sombreros son apropiados a veces, pero sólo para ocasiones específicas.

7.6. FIESTAS EN GENERAL

Realmente depende del tema de la fiesta, pero cualquiera que sea la vestimenta requerida, asegúrese de adoptarla completamente. Esto es aplicable tanto para ir de etiqueta como para una fiesta de disfraces. Si va a una fiesta vaquera, no escatime en las botas o el sombrero; si es una fiesta de extraterrestres, asegúrese de tener gran cantidad de pintura corporal verde; si es la fiesta de la «a», es mejor ser una «araña» o un «androide» que un «aguafiestas». Si no está seguro de cuál es el *dress code*, llame para preguntar.

7.7. SI NO ESTÁ SEGURO DE QUÉ PONERSE

Recuerde los dos puntos siguientes:

- Nunca es inapropiado preguntar al anfitrión o a otro invitado cuál es la vestimenta adecuada para un evento, especialmente si es formal.
- Si la opción anterior no es posible, es siempre mejor pecar de exceso de formalidad. Es mejor llegar a una boda en la playa de chaqué y que los demás invitados estén en bañador, que llegar en bañador y que los demás lleven chaqué. Siempre puede quitarse el sombrero de copa, la chaqueta y enrollarse las mangas y los pantalones; es casi imposible cambiar una vestimenta de sport en algo más formal.

Aunque es bien cierto que hay muchos aspectos de la personalidad y la honorabilidad que definen a un hombre (o a una mujer), el atuendo permite al anfitrión establecer el tono del evento, a la vez que advierte a los invitados del tipo de evento que pueden esperar. Si una invitación establece un atuendo especial, puede quitarle algo de formalidad, pero no sustituirlo por ropa de sport o por algo más formal de lo requerido. Por ejemplo, «esmoquin opcional» significa que se puede llevar traje y corbata, pero no vaqueros y camiseta. Del mismo modo, informal puede significar semi-informal o de sport, así que es mejor consultar al anfitrión o a otro invitado.

Los grandes almacenes o las boutiques más pequeñas tienen asistentes personales que le podrán ayudar a elegir el vestuario para un evento formal. Las normas de etiqueta en el vestir están hechas para ofrecer una seguridad al ir vestido como los demás, así que aprovéchelas. Acostúmbrese a seguirlas y no vuelva a ir mal vestido nunca más.

8

ETIQUETA EN LA RED

En este capítulo aprenderá cómo debe:

- Enviar mensajes por correo electrónico.
- Escribir en blogs.
- Tener citas por Internet.
- Enviar mensaje instantáneos.
- Participar en foros.

Las reglas de etiqueta para Internet, conocidas por los entendidos como *netiquetas*, están evolucionando de forma más rápida que otras formas de etiqueta. No existen los años de tradición que guían estas otras formas de etiqueta, así que, como la tecnología cambia y cada vez utilizamos Internet en más partes de nuestra vida, las normas de educación que gobiernan el ciberespacio también cambian.

Lo último en reglas de *netiqueta* es adoptar modos de comportamiento similares a los que utilizamos en persona. Aunque es fácil olvidar que otras personas con sentimientos y emociones leen lo que se escribe en los foros, emails o blogs, nunca diga o haga nada en la Red que no diría o haría en persona.

8.1. CORREO ELECTRÓNICO

Escribir la carta perfecta para enviarla por correo ordinario es un juego de niños, pero las reglas del correo electrónico no tienen por qué ser difíciles tampoco. Un mensaje de correo electrónico consiste en tres partes principales: el destinatario, el asunto y el cuerpo del mensaje. Cada parte tiene sus propios escollos en el mundo de la etiqueta electrónica.

8.1.1. Los destinatarios

En nuestros días, algunas personas, y la mayoría de los profesionales, pasan grandes cantidades de tiempo simplemente organizando la bandeja de entrada (o *inbox*, en la versión en inglés) de su cuenta de correo electrónico. Esto es parte del trabajo diario, pero ni en el trabajo ni fuera de él nadie le agradecerá que le dé más trabajo porque usted envíe un email a toda la libreta de contactos en vez de sólo a los necesarios. No «responda a todos» a no ser que necesite informar a todo el grupo.

Utilice la opción CCO (copia oculta) (*BCC*, en inglés) si, cuando esté enviando algo a un grupo de personas, es importante para usted o para ellos que los destinatarios del mensaje estén ocultos. También puede utilizarla para evitar que se utilicen las direcciones de correo que está poniendo, ya que pueden ser copiadas.

La casilla «Para (*To*, en la versión en inglés)» debe utilizarse para los destinatarios cuyos datos escribiría en el sobre si lo fuera a enviar por correo ordinario. La función «CC» debería utilizarse para lo siguiente:

- Destinatarios que desean estar al corriente del contenido del mensaje, sin que esté dirigido directamente a ellos.
- Destinatarios a los que a usted le interesa que sepan a quiénes ha enviado el mensaje.

No se debe esperar que los destinatarios en copia respondan al mensaje, aunque pueden hacerlo si lo desean.

Las direcciones de correo que se ponen en las casillas «Para» y «CC» serán accesibles a todos los que reciben el mensaje, así que piense cuidadosamente si cree que esto les importará antes de pulsar «enviar».

8.1.2. La línea del asunto

Sea breve y conciso. Piense en ello como si fuera un titular de periódico. Puede ser gracioso si es para propósitos sociales, pero, sobre todo, tanto si es este caso como si se trata de trabajo, utilícelo para ofrecer al destinatario una idea sobre de qué trata el mensaje. Si el mensaje va a ser guardado como referencia, será más fácil encontrarlo si el asunto es el pertinente.

8.1.3. El cuerpo del mensaje

Debería ser corto y directo al grano, especialmente los de trabajo. Los emails con propósitos sociales pueden ser más largos, y entre amigos la longitud variará del tema del que se trate, pero si lo que quiere es comunicar algo concreto, es mejor que sea corto. De lo contrario, la idea central del asunto que quiere transmitir se perderá entre su palabrería. En el trabajo, los mensajes son siempre más efectivos si son cortos (menos de diez líneas). Ponga la información más importante al principio, por si el destinatario está ocupado o se distrae. Mucha gente lee a conciencia sólo las primeras tres líneas de un email y el resto por encima.

Si recibe un correo largo dirigido sólo a usted, trate de leerlo entero, no sólo las tres primeras líneas.

No escriba en mayúsculas. La gente puede pensar que está gritando, enfadado o, lo que es peor, que es usted tan tonto que no se ha dado cuenta de que tiene presionada la tecla de mayúsculas en el teclado. Escriba con todas las formalidades que utilizaría al escribir una carta, pero sin poner la dirección en el encabezamiento. Si se trata de un correo de trabajo, utilice la estructura de una carta normal y firme con su dirección formal, como lo haría si fuera por correo ordinario. En correos informales, es usted el que decide cómo dirigirse a sus amigos, pero no utilice el lenguaje de los SMS (mensajes de texto de móvil) en ningún correo, ya sea profesional o social, pues a menudo dificulta la lectura del mensaje.

Aunque a veces se utilizan los mensajes de correo electrónico, como las cartas, para decir cosas que no nos atrevemos a decir en persona, nunca escriba nada en un email que considere que sería muy duro o violento decirlo en persona.

8.2. ADJUNTAR ARCHIVOS EN UN MENSAJE

Adjunte archivos grandes sólo cuando esté seguro de que el destinatario desea recibirlos, ya que puede llevarle mucho tiempo el descargarlos. Indique claramente en el nombre del archivo el contenido del mismo para evitar descargas indeseadas.

Cuando vaya a enviar varias fotografías, considere mejor abrir una página web donde cargarlas (existen en Internet muchos sitios gratuitos para compartir fotos y que son muy fáciles de usar) y envíe sólo el enlace en vez de las fotos propiamente dichas.

8.3. FUNCIONES ADICIONALES DEL CORREO ELECTRÓNICO

Utilice la función para marcar un mensaje como urgente (i.e. adjuntar una banderita roja o un signo de exclamación) sólo si verdaderamente tiene que ser leído en un período de tiempo determinado. No solicite confirmación de lectura de todos sus mensajes, sino tan sólo para emails en los que el factor tiempo es determinante o que contienen información importante que se envía a personas que consultan su correo electrónico de forma irregular.

No ponga la respuesta automática de «fuera de la oficina» (*Out of office* en la versión en inglés) si no va a estar sin consultar su correo durante más de medio día. En el mensaje de respuesta automática se debe incluir la fecha y hora de su vuelta, y un número de contacto o dirección de email de un compañero que pueda ayudar durante su ausencia.

8.4. MISCELÁNEA

Si ha solicitado algo a través de un email, es de buena educación enviar un «gracias» para confirmar que lo ha recibido. Pero no es necesario contestar a este agradecimiento ni incluso responder «de nada».

Como en la correspondencia normal, responda a los correos electrónicos tan pronto como sea posible. Si un mensaje solicita contestación a vuelta de correo, responda inmediatamente escribiendo algo, aunque sea muy corto, para confirmar la recepción y conteste lo que pueda. Si el email no solicita respuesta inmediata, juzgue usted en qué orden debe contestar a sus correos, aunque sería prudente hacerlo por el grado de urgencia de los mismos. Intente responder a sus mensajes de trabajo sin que pase más de medio día desde su recepción y los emails sociales en un día, o si no, al menos, escriba una pequeña disculpa para explicar el retraso. Revise siempre la ortografía antes de enviarlos.

Cuando reenvíe o responda mensajes, edítelo siempre antes. No envíe mensajes con su firma, o la de otros, repetida, o con mensajes de otras personas adjuntos al suyo que el destinatario no necesite leer. Si le ha llegado un mensaje por error que no iba dirigido a usted y claramente no es *spam* (correo basura), responda explicando que debe ser redirigido. No conteste si es *spam*.

Recuerde que aunque enviar y recibir mensajes de correo electrónico es casi instantáneo, la velocidad de respuesta dependerá de la frecuencia con la que la otra persona consulte su cuenta de correo. Actualmente, los emails profesionales se deberían consultar al menos una vez por hora, y los no profesionales un mínimo de dos veces al día.

No reenvíe o cree nunca mensajes que amenacen con algún tipo de desgracia si no son reenviados a un número determinado de personas. Si es usted tan bobo como para caer en ello, por lo menos borre el trozo que amenaza con muerte o destrucción antes de pulsar «enviar».

Como las normas de buena educación relacionadas con el correo electrónico cambian constantemente, no es probable que alguien le considere despreciablemente maleducado si se salta alguna de las mencionadas anteriormente. Sin embargo, utilícelas para quedar usted mejor que los demás usuarios.

8.5. BLOGS

«Un *blog* (palabra inglesa resultante de unir *web* y *log*)... ofrece comentarios o noticias sobre un tema particular como puede ser comida, política o noticias locales; algunos funcionan como diarios personales *online*» (definición de blog en Wikipedia, 1 de septiembre de 2007).

Los blogs ya no son territorio exclusivo de las tecnologías más vanguardistas. Con el dominio de Facebook y MySpace, ahora es un espacio para artistas incipientes, aspirantes a columnistas y algún que otro loco de atar.

El problema con los blogs es el siguiente: se puede escribir sobre todo lo que le apetezca a uno (política, nuevas tecnologías, festivales, animales, la incontinencia de su gato, su creencia de que el mundo está controlado por un pulpo de seis patas desde el cielo..., cualquier cosa). Y ahí es donde reside el problema.

Para los híbridos entre escritores y adictos a la informática, escribir un blog es como hablar en público. No diga en su blog lo que no diría en público. Su gata no se va a enfadar si lee por encima de su hombro que ha escrito sobre su afición por saltar sobre el felino de su vecino. Su abuela, en cambio, podría horrorizarse si llega a sus oídos que ha contado a una ávida audiencia en Internet sus aventurillas con el vecino de al lado. Piense antes de escribir. Los blogs son diarios públicos, no privados. Haga pausas, pondere las ramificaciones, escriba de forma limpia y relea para corregir errores. Después, publique.

8.6. FACEBOOK

Facebook es un sitio web para establecer redes sociales, que combina los blogs con la comunicación directa a través de la posibilidad de conectarse con el facebook de los amigos. Facebook se ha convertido recientemente en el favorito en todo el mundo y para todas las generaciones. Otras páginas del mismo estilo, como MySpace o Bebo, han disfrutado su fama pero, al menos por el momento, Facebook parece el sitio encargado de establecer el método estándar de comunicación social por Internet más allá del email. Tanto si se trata de un simple avance de la idea global como si está aquí para quedarse, su popularidad se ha extendido de tal manera que ninguna guía de la etiqueta en la Red estaría completa sin mencionarla.

Como Facebook se utiliza cada vez más como una forma de comunicación que como un sitio para intercambiar fotos, las normas de etiqueta se están consolidando rápidamente. Aunque su presentación (*interface*) ha cambiado recientemente, sus principales componentes siguen siendo los mismos:

- Fotos: la foto de su perfil y las fotos etiquetadas.
- Información personal.
- El muro (mensajes publicados para todos).
- La página de inicio (facilita información sobre lo que ocurre en los muros de sus amigos y los cambios en la información personal, todo ello visto sólo por usted).
- La bandeja de entrada (mensajes que sólo puede ver usted).
- Grupos.
- Invitaciones.
- Lista de amigos.

8.6.1. Las fotos

Para la foto de su perfil utilice una foto reciente, no ofensiva (elija una que no le importaría que viera su abuela). Atención, Juan López: sin foto, va a ser difícil encontrarle.

Puede etiquetar fotos de sus amigos de modo que aparezcan en las páginas de fotos de sus amigos. No publique fotos de sus amigos en actividades escandalosas, adúlteras o criminales. Recuerde que sus parejas y posibles futuros jefes también tienen acceso a Internet. Publicar una foto de un amigo vomitando mientras agarra con una mano una botella de Ouzo y con la otra a una modelo en *topless* puede no parecerle tan divertido cuando se entere de que su mujer se ha ido de casa y que ha sido rechazado para el trabajo de sus sueños como representante de venta de una marca de vodka.

8.6.2. Información personal

Ponga libremente lo que desee en este apartado mientras no sea ofensivo para nadie; por ejemplo, algo racista. Sea decidido y limite su lista de música favorita, aficiones, etc., a no más de diez por cada categoría.

La información sobre «situación sentimental» puede ser causa de muchos problemas en Facebook. Si al dar de alta su cuenta elige marcar su situación sentimental como de «soltero», comenzar después una relación requiere el cambio de este estatus como muestra de respeto a su nueva pareja, por muy presuntuoso que parezca. El nuevo estatus no requiere entrar en detalles sobre el nuevo romance, y puede, de hecho, cambiarlo simplemente a una situación neutral. Pero tendrá que cambiarlo para que su soltería no atruene por todas partes.

Asimismo, si en el apartado de «situación sentimental» pone «En relaciones con María Pérez», cuando la relación termine tiene que cambiar el estatus, por mucho que sea un fastidio que salte el icono de corazón roto en su pantalla y en las páginas de inicio de los demás. Es una forma de cortesía por parte del que deja la relación que sea el «dejado» el que cambie su estatus primero. Si todo esto le parece demasiado desagradable o doloroso, no ponga nada en ese apartado desde el principio.

En el apartado «Busco...» ponga lo que quiera. Las parejas no pueden quejarse si escribe «busco cualquier cosa que pueda conseguir».

8.6.3. El muro (visible para todos) y la bandeja de entrada (mensajes sólo vistos por usted)

Recuerde que Facebook es una entidad públicamente accesible. Lo pueden ver otras personas. No publique notas que desvelen algún secreto en el muro de un amigo; en vez de eso, envíele un mensaje a su bandeja de entrada. No está bien utilizar los muros para poner celosa a la pareja.

Responda a los mensajes y notas en el muro en un tiempo correcto. Como Facebook es una actividad de entretenimiento, el tiempo aceptable para responder es más largo que el de un email. Tome una semana como pauta, aunque tenga en cuenta que los estudiantes/desempleados/adictos a Facebook esperarán una contestación más rápida. Si usted necesita una respuesta urgente, envíe un email o llame por teléfono.

8.6.4. Grupos

Antes de añadir un nuevo grupo, compruebe si ya existe alguno con el mismo fin. Si es así, en vez de crear uno nuevo únase al que existe.

8.6.5. Invitaciones a eventos

Las invitaciones a eventos tienen una función para confirmar la asistencia. Úsela. Hay diversas opciones: «asistiré», «no asistiré» o «quizá asista». Piense antes de responder y no ponga siempre «quizá asista». Todo el mundo sabrá entonces que está esperando a una mejor oferta. Esto no le hará popular. A menudo, la gente trata de calcular el número de personas que van a asistir a un evento, así que responda antes del mismo. Si hay tiempo, ponga algún mensaje positivo del tipo de «estoy deseando ir», para que el organizador no se encuentre simplemente con un montón de respuestas negativas.

8.6.6. La lista de amigos

Es perfectamente aceptable rechazar la solicitud de amistad de un compañero de trabajo, si desea mantener separados el trabajo y el placer. Sin embargo, si lo hace, debe rechazar a todos los demás compañeros, ofreciendo una pequeña explicación. Asimismo, si alguien le rechaza coja la indirecta.

El «número de amigos» no es indicativo de su popularidad en la vida real. No invite a todo el mundo con el que hable; solicite la «amistad» de aquéllos cuyas vidas le interesan de verdad. Acepte la «amistad» de todo el mundo excepto de aquellos que realmente no le caen bien o no conoce.

8.6.7. Miscelánea

- No entre en su cuenta de Facebook en la oficina, a no ser que sea durante su hora de comer.
- Está bien fisgonear a la gente en Facebook. No está bien hacerlo en la vida real.
- Seguirle la pista a alguien en Facebook, aunque posible, es una posibilidad aterradora. A nadie le gusta saber que le pueden seguir sus pasos por todo el mundo con alarmante precisión. Si quiere salir con alguien y ha recurrido usted a estas tácticas, hágase un favor a usted mismo y a la otra persona y no admita nunca que lo ha hecho.
- No deje a su pareja o dé cualquier mala noticia por Facebook, especialmente en el muro. Facebook es un lugar donde se reúnen los amigos para mantener el contacto en el ciberespacio. No debería ser un lugar para la tristeza.

8.7. MENSAJES INSTANTÁNEOS (MI)

Comunicarse mediante mensajes instantáneos puede ser un ahorro de tiempo si se utiliza adecuadamente, pues es más rápido que hacerlo por email e interrumpe menos que una llamada de teléfono. Sin embargo, el problema con los MI es que, a veces, no superan su marketing: a menudo interrumpen, nos hacen perder el tiempo y, ¡sorpresa! ¡horror!, no son instantáneos.

Si alguien está ocupado probablemente no cogerá el teléfono e ignorará los correos electrónicos, decidiendo devolver la llamada o contestar al email más tarde. Nadie se ofende. Se da por hecho que la otra persona no está en su mesa o, si es el caso, que está demasiado ocupada para ser interrumpida. En el mundo real, la gente no intenta molestar a aquellos que dan muestras de estar ocupados con otra cosa, por ejemplo, aporreando fanáticamente el teclado o hablando con otro grupo de personas. El problema con los mensajes instantáneos deriva de su obvia impertinencia. La pantalla destella, emite un ruido y el programa de mensajes instantáneos hace todo lo posible para atraer su atención como si fuera un niño rebelde, sin pensar si el destinatario está tratando un asunto urgente o tomando un café.

Seguir unas cuantas pautas pueden rescatarle de las garras de la irritación. Intente lo siguiente:

- Diga hola y adiós. Es de mala educación no hacerlo en la vida real, así que igual ocurre en el mundo virtual. Empiece una conversación siempre preguntando a la otra persona si está ocupada y explicándole la finalidad de su charla. Esto le dará la oportunidad a la otra persona de sopesar la importancia de la charla con respecto a lo que tiene entre manos. Decir adiós significa el fin de la conversación. No despedirse es como irse de puntillas de una conversación cuando el otro se da la vuelta.
- Si se está comunicando por mensaje instantáneo en un lugar con gente alrededor, por ejemplo, en la oficina, apague el sonido. No lo necesita para que le avise (ni a los que le rodean) de que le ha llegado un mensaje; el icono destellante será suficiente.
- Escriba rápido y vaya enviando lo que escribe aunque no haya terminado las frases cortas. Es mejor enviar la primera mitad de una frase y completarla en un segundo mensaje que obligar a la persona con la que se comunica a esperar por un trozo más largo y que le llevará más tiempo digerir.
- No escriba en mayúsculas a no ser que quiera gritar.
- No se comunique a la vez con más personas de las que sea capaz de mantener una conversación fluida al mismo tiempo. Para la mayoría, el máximo es dos, antes de que las respuestas se demoren y se líen.
- No utilice los MI en vez de los emails para enviar archivos, con el fin de evitar colapsar las bandejas de entrada.
- Escribir cansa. Si parece que la conversación va a ser larga, proponga una llamada telefónica.
- Esté atento a las preguntas que le hayan podido enviar a la vez que escribía, y responda tan pronto como pueda para mostrar que las ha visto.
- Utilice su *nick* (apodo en la Red) solamente con fines personales. En el trabajo o en casa, si utiliza su nombre (especialmente si es muy corriente, como José, por ejemplo) añada el apellido. Hará que sea más fácil contactar con usted; aunque sea usted inconfundible en persona, con sus diez *piercings* de la nariz, sus tatuajes y su encantador sentido del humor, la gente lo tendrá difícil para diferenciarle entre los muchos José de su lista de contactos.

- Compruebe primero el estatus de presencia de la otra persona. No empiece con el ataque de ventanitas y ruiditos si la otra persona está claramente marcada como «ocupada». De igual modo, actualice su estatus para indicar su disponibilidad, añadiendo algún comentario, si es necesario, para clarificar su situación. Algunas personas consideran el «ocupado» como un «no molestar», pero otros como «interrumpir sólo si es importante». Si la solicitud es urgente, plantéese contactar por MI, pero no espere respuesta inmediata.
- No abuse de las abreviaturas. No le hacen parecer «guay», sino un mal escritor. Las abreviaturas se utilizan para aumentar la eficacia de la comunicación, no para empeorarla. Piense primero si la persona con la que se está comunicando va entender las abreviaturas que está utilizando, y si no, no se moleste en usarlas.

8.8. CITAS POR INTERNET

Ligar es ligar, por lo que se aplican casi las mismas reglas que en la vida real, una vez que se ha llegado a la segunda cita. No obstante, le presentamos aquí algunas normas de etiqueta que se aplican específicamente a las citas por Internet. Algunas son una cuestión de seguridad, y otras pura cortesía.

8.8.1. Antes de una cita

A todo el mundo le gusta causar buena impresión, pero no mienta. Ante todo, ponga una buena foto suya, pero retocarla con Photoshop es hacer trampas, igual que poner una foto de hace 20 años o de otra persona.

No intente parecer más atractivo indicando actividades en las que no está interesado. Asimismo, tampoco finja estar interesado en las actividades de otros. Como en la vida real, ofrezca una descripción de usted lo más real posible, resaltando lo que considere que son sus aspectos más interesantes.

Si le gusta el aspecto de alguien, compruebe primero su perfil para ver si usted encaja en el tipo de persona que está buscando. Si no encaja, supérelo y pase al siguiente. No envíe un mensaje para ver si cuela. Algún día encontrará a esa persona que busque a un hombre de 43 años, que toque el oboe y que sea budista y fumador, pero es probable que no sea esa atractiva chica sorda, judía, especialista en cáncer de pulmón que está buscando a alguien de entre 25 y 30 años con intereses similares en la vida.

Tanto hombres como mujeres pueden pedir una cita. No sea tímido. Todo el mundo sabe que las citas por Internet son para conseguir una relación amorosa. Cuando le pidan una primera cita, no tiene que contestar si la respuesta es no. Eso se da por sobreentendido. No intente contactar repetidamente con la misma persona si ésta no le responde.

Mantenga su seguridad y respete la de los demás. No ponga información en una página de citas por Internet que pueda permitir a desconocidos averiguar su lugar de trabajo o su domicilio. Utilice un apellido falso si es necesario. Si consigue averiguar detalles de alguien aparte de los que facilita en la web, no los use: a mucha gente le gusta mantener separadas su vida en Internet de su existencia diaria hasta que surja una relación.

8.8.2. Las citas

Tenga unas cuantas conversaciones telefónicas o por mensajes instantáneos antes de quedar con alguien en persona. Cuando lo haga finalmente, quede en algún sitio público, preferiblemente de día. Quédese por lo menos durante una hora y no se vaya sin despedirse. Dígale siempre a un amigo dónde va a estar y pídale que le llame a una hora determinada para comprobar que todo va bien. Haga lo mismo para la segunda y tercera cita. No revele su dirección exacta hasta que no confíe del todo en la otra persona.

Si ha organizado un encuentro cara a cara con alguien, trátele con el mismo respeto que lo haría si fuera una cita normal. Sea puntual y haga un esfuerzo por ir bien arreglado. Si tiene que cancelar la cita, avise a la otra persona con la máxima antelación posible.

8.8.3. Cuando las cosas no funcionan

Después de unas cuantas citas, si ninguno de los dos muestra signos de querer continuar con la relación es aceptable simplemente parar de enviarse mensajes. Si una de las partes parece querer continuar, será necesaria una nota de rechazo. Si es usted el que rechaza, no necesita hacer un análisis de los defectos de la otra persona. Un «creo que no encajamos» es mucho mejor que «Pensándolo bien, creo que hablas demasiado, especialmente sobre tu madre, hueles a vaca cuando te pones esos pantalones de cuero, y tienes una nariz enorme».

No trate de convertir en amistad una relación por Internet sin que la otra persona lo sepa. Como se han conocido con el propósito de tener una relación sentimental, eso será lo que busque la otra persona.

8.9. NORMAS DE COMPORTAMIENTO EN LOS FOROS

Los foros son un lugar para el debate y el saber. Actuando como una familia virtual, los miembros de un foro hacen preguntas, resuelven problemas y dan consejos sobre cualquier tema, desde los partos hasta la creación de programas informáticos de acceso público. Por muy intelectual que sea el ambiente de un foro, es fácil olvidarse de que, participando en él, está tomando parte en un grupo de discusión con gente real y, como tal, a veces no se cumplen las normas de comportamiento del foro. Tenga en cuenta lo que se expone a continuación cuando participe en foros, aunque haya llegado a familiarizar mucho con sus miembros:

- **Controle sus emociones.** No ataque en público. Si alguien le ha ofendido de alguna manera en un foro de Internet, contenga su genio, acuda al administrador del foro para que retiren su mensaje y contacte con el que le ha ofendido por email para resolver el asunto en privado.
- **Cíñase al tema.** Preste atención al tema tratado en el hilo y en el foro en el que está participando. Si cree que su mensaje no tiene nada que ver, busque otro foro en el que expresar sus pensamientos. No es de buena educación hacer a los demás tener que leerse un montón de mensajes que se salen del tema del foro para encontrar lo que realmente quieren leer. Si no encuentra un hilo apropiado, empiece uno nuevo poniéndole un título que deje claro su contenido.
- **Sea amable con los recién llegados.** Los nuevos pueden ser frustrantes. No conocen las normas del foro, hacen preguntas cuyas respuestas son obvias o fáciles de encontrar, ponen sus mensajes donde no corresponde y no plantean las preguntas

de forma clara. Tenga paciencia y diríjales cuidadosamente (no les empuje) hacia la buena dirección, indicándoles amablemente sus errores. Lo harán mejor con unas pequeñas pautas y podrán convertirse en posibles miembros valiosos del foro.

- **Abreviaturas.** Utilice sólo las abreviaturas que todo el que lea el foro conozca. Úselas para mejorar la velocidad de la lectura y escritura del foro, no para dificultarla.
- **No insista en un tema agotado.** No reabra temas controvertidos con los que no esté de acuerdo, a no ser que tenga nueva información relevante que pueda cambiar las conclusiones a las que se han llegado. Si no tiene nueva información, se volverán a dar las mismas vueltas al tema y se llegará a la misma conclusión de nuevo.
- **No cruce mensajes.** Encuentre el hilo o foro más apropiado para su pregunta. No publique un mensaje en un foro general si puede encontrar uno más específico.
- **Cuidado con los archivos grandes.** No cargue en el foro archivos demasiado grandes; esto ralentiza las descargas de las páginas, especialmente a los que tienen conexiones a Internet lentas. En vez de eso, si tiene un archivo grande que le gustaría compartir, póngalo en una página separada e indique el enlace a esta página.
- **Citar mensajes anteriores.** No copie el texto entero del mensaje al que quiere responder. Copie sólo lo necesario para ofrecer un contexto. En algunos foros se cita primero y luego se responde; en otros se contesta y luego se incluye el mensaje al que se ha respondido; en otros se responde en el mismo mensaje. Ninguno de estos métodos es intrínsecamente erróneo; lo correcto es observar y cumplir lo convenido en el foro en el que está participando.
- **Cuanto más simple, mejor.** Responda de forma clara y concisa, utilizando texto sencillo, si es posible, que sea legible para el máximo número de personas.

8.9.1. Las reglas de los foros individuales

La mayoría de los foros tienen sus propias reglas. Léalas antes de empezar a publicar mensajes y adóptelas cuando empiece a hacerlo; en particular, las que se refieren a los no suscritos y a los mensajes de prueba, para evitar molestar a los otros usuarios del foro.

8.10. OTRAS NORMAS DE ETIQUETA EN INTERNET

Nunca:

- ✐ Envíe virus intencionadamente. Mantenga actualizado su antivirus para evitar propagar virus sin saberlo.
- ✐ Asuma una identidad falsa para acosar a una ex-pareja, a un compañero de trabajo o a un amigo.
- ✐ Entre en una cuenta de correo electrónico que no sea la suya sin permiso: esta conducta es tan inaceptable como interceptarle a alguien su correo ordinario.

9

VIAJANDO

En este capítulo aprenderá cómo debe:

- Viajar por tierra, mar y aire.
- Comportarse en el extranjero.

Por tierra, mar o aire, viajar se ha convertido en algo estresante cuando hay hordas de gentes para facturar, tratando de coger sitio y perdiendo los nervios. Ahora que viajar en avión es mucho más barato, viajar a tierras lejanas se convertido en una actividad regular, con algunas personas incluso cambiando de país durante el transcurso de un día. Sin embargo, ya sea un viaje al Amazonas o simplemente una excursión disfrutando de las vistas de la M40, los consejos que se ofrecen a continuación deberían ayudarle a añadir cortesía a todo ese alboroto.

9.1. VIAJAR EN COCHE

9.1.1. Etiqueta para conductores

Las normas de buen comportamiento como conductor son muchas, pero afortunadamente se encuentran todas en el código de la circulación, cuyo conocimiento se debería refrescar periódicamente. Siga el código al pie de la letra y no será considerado nunca un conductor descortés. En especial, preste atención a lo referido al uso del claxon (utilícelo siempre como advertencia, nunca para descargar su ira en la carretera) y sobre arrojar desperdicios (nunca tire nada por la ventana de un vehículo en movimiento, aunque sea biodegradable).

9.1.2. Etiqueta para todos en el coche

Reglas básicas:

- ✐ Cuando viaje con otros, lleguen a un acuerdo sobre compartir los gastos del viaje (dinero para gasolina, etc.) antes de salir, así como sobre las obligaciones tales como consultar el mapa y las horas que debe conducir cada uno para no cansarse.
- ✐ Como pasajero, procure no «conducir desde el asiento trasero». Si cree que el conductor está poniendo en peligro la seguridad de los pasajeros pídale ser más prudente, pero deje las decisiones sobre qué ruta seguir al conductor o al que lleve el mapa, si se ha designado a alguien para hacerlo.
- ✐ Durante el viaje, la elección de la música debe ser del gusto de todos, no sólo del que conduce.
- ✐ Ni los conductores ni los pasajeros deben consumir alcohol. Los pasajeros bajo su influencia pueden distraer al conductor y ser así tan peligrosos como si éste estuviera borracho.
- ✐ Todo el mundo se debe abrochar el cinturón de seguridad en el coche. El conductor tiene derecho a negarse a arrancar hasta que todo el mundo lo haya hecho.
- ✐ Controle sus nervios. Incluso aunque se haya confundido de salida y vayan a tardar una hora más, al final llegarán a su destino, y de considerable mejor humor si lo ha dejado pasar.
- ✐ Si está a punto de perder los nervios por culpa de la mala conducción de otro conductor, recuerde que la mayoría de los malos conductores son torpes, no malvados, y expresando su ira en la carretera sólo conseguirá que le tachen de incontrolado e impaciente.

9.2. VIAJAR EN AVIÓN

9.2.1. Antes de viajar

La mayoría de las compañías aéreas tienen normas estrictas sobre qué y cuánto le está permitido facturar y llevar como equipaje de mano. Esta información está en su billete y en la página web de la aerolínea. Cumpla estas normas. Pese y mida sus maletas si no está seguro de no estar sobrepasando los límites de peso o tamaño permitidos. Ponga su pasaporte y su billete en un bolsillo accesible del equipaje de mano para no hacer esperar a la larga y sinuosa cola de facturación.

Aunque su vuelo sea muy temprano, dúchese por la mañana y échese desodorante. Sentarse al lado de alguien con olor a rancio en un espacio cerrado es una experiencia especialmente desagradable.

9.2.2. En el aeropuerto

Si, por alguna razón, llega al principio de la cola de facturación con bolsas de tamaño o peso inaceptables para la compañía, no discuta. El pretexto de que su báscula del baño marcaba otra cosa, o de que creía que la norma de las medidas estaba en pulgadas en vez de en centímetros, no servirá y hará retrasarse a todas las personas (que probablemente habrán hecho bien sus maletas) que tiene detrás. Acepte la multa y las indicaciones que le hagan sobre el exceso de peso del equipaje sin rechistar.

En el mostrador, tenga el pasaporte y el billete preparados para su control. Aunque no siempre es posible satisfacer su petición, puede indicar si prefiere pasillo o ventana. Sin embargo, si solicita un número de asiento en concreto, esté preparado para que le miren con sorpresa a no ser que ofrezca una buena excusa (del tipo: «He viajado en ese asiento en mi último vuelo y la vista de la televisión era perfecta»). También puede pedir un asiento en la salida de emergencia, que normalmente tiene más espacio para las piernas, pero aunque las tenga muy largas no espere que su solicitud sea siempre tenida en cuenta, ya que esos sitios están muy demandados. Asimismo, debe saber que algunas compañías cobran más por esos asientos. Si tiene agallas y va lo suficientemente bien vestido como para preguntar si hay alguna plaza superior disponible, esté preparado para sonreír y reír cuando la persona que le atienda le diga que no.

Al llegar al control de seguridad situado antes de entrar a la zona de embarque, normalmente hay carteles que indican lo que hay que pasar por el escáner de rayos X y lo que puede llevar encima. Para evitar hacer esperar a los demás, antes de llegar al escáner quítese los artículos que tienen que pasar por él (normalmente, las bolsas de mano, junto con el contenido de sus bolsillos, el cinturón, el ordenador portátil, los abrigos y los líquidos, aunque las normas cambian constantemente), y pase por el arco de seguridad.

Si alguna de sus bolsas de mano contiene algún artículo no permitido a bordo, le será confiscado. No pelee por su media botella de whisky, sus tijeras de plata o su perfume de Dior; los guardias de seguridad ya han oído de todo, y no conseguirá nada aparte de montar una escena.

Cualquiera que sea el tiempo que usted considere razonablemente necesario para facturar, dóblelo. Como resultado de los rigurosos controles de seguridad y los tediosos pero necesarios procedimientos de facturación, atravesar el aeropuerto y llegar al avión tiene la mala costumbre de llevar más tiempo de lo que uno piensa, causando estrés y la intolerancia de los demás. Si va con mucho tiempo al aeropuerto, milagrosamente no tendrá la tentación de saltarse la cola de facturación o de embarque. No le parecerá que le salen cuernecillos de demonio a esa mujer mayor que va delante de usted y rebusca en su enorme bolso, mientras saca la dentadura postiza, las compresas para la incontinencia, las medicinas, la muda de repuesto, el cepillo y la pasta de dientes, su diario, un libro, un despertador, la pila de la cocina y el fontanero, de todo *menos* el pasaporte. Será usted la imagen de las buenas formas y la etiqueta sin sudar una gota por coger su avión.

Es más, si tiene usted la suerte de pasar las colas y controles a la velocidad de la luz, la zona de embarque siempre ofrece entretenimientos.

Mientras espera en la sala de embarque, no ponga su equipaje de mano en las sillas si hay pocas libres y hay pasajeros de pie. No mantenga conversaciones largas por el móvil. Apague el teléfono antes de subir al avión y no lo encienda hasta que no llegue a la terminal de su aeropuerto de destino. En la puerta, espere que a llamen a las filas en las que está su asiento; tratar de meterse en el avión antes provocará un atasco de gente.

9.2.3. En el avión

Reglas básicas:

- ✐ Cuando suba al avión y se dirija a su sitio por el pasillo, lleve la bolsa o maleta delante de usted en vez de colgada en el hombro para evitar golpear a los que ya están sentados.
- ✐ Si está sentado junto al pasillo, mantenga los codos y pies bien metidos en su sitio.

- ✐ Si los asientos no son numerados, sea considerado cuando se siente. Por ejemplo, no se siente en el medio de una fila de tres, separando potencialmente a dos personas que viajen juntas.
- ✐ Una vez a bordo, sea considerado con los que están atrapados en el avión con usted, en especial con los que están delante, detrás y a su lado:

  - No se quite los zapatos, sometiendo a sus compañeros de vuelo al hedor de sus calcetines y zapatos sudados. Lleve zapatos para viajar que se adapten fácilmente a la extensión de los pies con la altitud.
  - Antes de reclinar su asiento por primera vez, asómese y pregunte a la persona que tiene detrás si le importa. Si le da permiso (y lo hará, ya que se habrá quedado sorprendido por tal despliegue de inesperados buenos modales), sólo reclínelo cuando lo necesite para dormir, devolviéndolo a su posición vertical en cualquier otro momento durante el vuelo, y especialmente si la persona de detrás está usando su bandeja para comer o trabajar.
  - No golpee con los pies el asiento delantero ni tire de su reposacabezas para levantarse. Cualquiera de estas dos cosas molestarán a la persona del asiento de delante al provocarle una violenta sacudida.
  - A algunas personas les gusta charlar en los aviones y hacer nuevos amigos. A otras no tanto. Cuando llegue a su sitio en el avión, extienda su mano y preséntese, añadiendo algún comentario sobre el tiempo o sobre cómo va el avión de lleno. Después, siéntese. Si la otra persona quisiera hablar, probablemente dirá algo animadamente. Si no, no responderá con vigor, sino que le dará una respuesta corta. Si se encuentra usted en la desafortunada situación de estar sentado al lado de un charlatán cuando preferiría ir durmiendo o mirando a lo lejos, sepa que las respuestas cortas, una falta de interés por su parte y una rápida aplicación de los auriculares (incluso aunque no esté poniendo música) deberían enviar el mensaje de «no molestar».
  - No permanezca de pie en los pasillos para tener largas conversaciones con amigos. Cuando esté de pie, tenga charlas cortas. A pesar de que la conversación entre dos personas sentadas juntas es casi inaudible, la conversación entre una

persona de pie y otra sentada es molesta, y puede que esté tapando la visión de la televisión de algunos pasajeros.

- Cada persona del avión debe tener un reposabrazos. Si le parece que tiene dos, está usando demasiados a costa de la molestia de alguien.
- Mantenga un control estricto de su consumo de alcohol. Las personas bebidas en los aviones son un incordio tanto para la tripulación como para los pasajeros.
- Cuando utilice el lavabo, déjelo como lo encontró.
- Si está utilizando un aparato para escuchar música, compruebe con la persona situada a su lado que el sonido de sus auriculares no es audible. Si está usando un ordenador portátil, pregunte si molesta el ruido al teclear. Si es la persona de su lado la que tiene el portátil, no le pregunte en qué está trabajando para entablar una conversación. Seguramente, si lo está haciendo con esas estrecheces es que es urgente para cuando aterrice y estará trabajando a contra reloj (o antes de que se agote la batería).
- Piénseselo dos veces antes de presionar el botón de llamada a la tripulación auxiliar. Están muy ocupados y tienen que atender a un gran número de personas cada uno. Si es posible, espere a que pase alguno por su lado para pedirle lo que necesite.
- Si tiene niños, la mayoría de los pasajeros entenderán que le sea difícil mantenerlos tranquilos durante todo el trayecto, pero, como padre o madre, tiene el deber, hacia los otros pasajeros, de controlar sus estragos. Lleve juegos, libros y juguetes que no hagan ruido para tenerlos entretenidos y no les deje correr por los pasillos, jugar con el botón de reclinar el asiento o dar patadas al asiento de delante.
- Si viaja con su pareja, deje los besos apasionados para espacios menos reducidos, y olvide los planes de, incluso, besarse castamente si hay alguien en el asiento de al lado de cualquiera de los dos. No se permita ir más allá por debajo de la manta: se ve todo. Si les consume el deseo de formar parte del club de los que han tenido relaciones sexuales en un avión (el *mile high club*), vayan al lavabo (el hombre primero) e inténtenlo allí. Si son ruidosos y alguien llama a la puerta, deberán terminar lo que estén haciendo inmediatamente y salir del baño con la cabeza gacha tan pronto como sea posible.

9.2.4. Al llegar al destino

Cuando aterrice, no se salte la cola o empuje para salir del avión rápidamente. Deje espacio suficiente en la cita de equipajes para que todo el mundo pueda identificar y coger sus maletas. Ayude a los que tenga cerca si tienen maletas grandes, especialmente a las mujeres, a las personas mayores y a los que vayan con niños.

9.3. VIAJAR EN TREN Y AUTOBÚS

Como en las demás formas de viajar, llegar con tiempo a la estación para comprar el billete y coger el tren o el autobús le convertirán, sin duda, en una persona más amable y con mejores modales.

Reglas básicas:

- ✐ En la estación, compre o recoja el billete antes de viajar. El revisor del tren o del autobús debería ser la última opción para comprarlo, no debe hacerlo por sistema.
- ✐ En el tren o el autobús, ponga el equipaje en los compartimentos indicados para ello. Dejar las bolsas o maletas grandes a su lado obstruirá los pasillos e impedirá el paso de los pasajeros o del revisor.
- ✐ Si lleva bolso o mochila, no los ponga en el asiento de al lado a no ser que haya muchos sitios libres; su bolso no tiene los mismos derechos que un pasajero con billete y no merece un asiento si hay personas de pie. Póngalo en el suelo antes de que se lo pidan. En el transporte público está permitido pedirle a alguien que quite sus bolsas del asiento donde se quiera sentar si no hay muchos disponibles.
- ✐ No coma cosas calientes o que huelan y recoja lo que ensucie, llevándose todos los envoltorios y envases con usted.
- ✐ No está permitido fumar en trenes o autobuses.
- ✐ Siéntese con las piernas juntas para evitar exponer esa parte del cuerpo que la mayoría del público no desea ver e invadir el espacio personal del pasajero de al lado.
- ✐ Ponga su teléfono móvil en silencio. Si necesita usarlo, hable bajo y no tarde mucho.

- Los servicios de los trenes o los autobuses suelen estar en bastante mal estado, pero no lo deje peor de lo que se lo ha encontrado.
- Si viaja con niños, téngalos bajo control. Lleve juguetes para tenerlos entretenidos y no les deje correr por ahí gritando y armando alboroto.
- Mantenga bajo el volumen de su reproductor de música personal. Para ajustar el volumen, quítese los auriculares y póngalos a la distancia de un brazo extendido. Si todavía puede oírlos, está demasiado alto.
- Si comparte la mesa con alguien, utilice sólo su mitad. No caiga en la tentación de extender de forma descontrolada periódicos, revistas, comida o libros simplemente porque ha llegado primero.
- No ponga los pies en el asiento. La tela del asiento puede parecer bastante menos limpia que la suela de sus zapatos, pero poner los zapatos en el asiento todavía está mal visto.

Siga las mismas normas que las expuestas para los aviones respecto a hablar con otros pasajeros en viajes largos (véase página 123).

9.4. VIAJAR POR MAR

9.4.1. Cruceros

En un crucero, la vida es la misma que en una isla flotante, con muchas de las mismas diversiones y actividades que encontraría en su ciudad. Aunque esté de vacaciones, practique las mismas normas de etiqueta que utilizaría en las tiendas, gimnasios, espectáculos o cualquier otro lugar público de su ciudad.

La forma de vestir es tan importante para estar acorde en un crucero como lo es en la vida diaria en tierra firme. Siga las pautas para vestir indicadas en la agenda del barco, o pregunte a la compañía de cruceros sobre la vestimenta adecuada para los diferentes eventos y actividades. Haga la maleta pensando en las diferentes condiciones meteorológicas, y lleve el bañador y alguna prenda para alguna cena o acto más formal. Meta en la maleta lo mismo que se llevaría para la misma cantidad de días en un hotel de lujo en un complejo de playa durante la estación del monzón. A menos que el itinerario de viaje especifique algún evento formal, para las noches el estilo de ropa de trabajo informal será más adecuado que el esmoquin. Piense cuidadosamente meter en la maleta lo mínimo, sobre todo si está compartiendo camarote con alguien, ya que el espacio suele ser limitado. Sea limpio e higiénico en todo momento y peque siempre de más respecto a su formalidad.

Reglas básicas:

- No se salte la cola para embarcar.
- Una vez a bordo del barco, si tiene que salir al pasillo de noche o durante el día hágalo vestido adecuadamente, no en pijama ni en ropa interior.
- No ponga objetos personales en una silla o tumbona para reservarla y poder usarla más tarde. Puede dejarlos sin estar usted durante un máximo de 15 minutos, pues más tiempo supondría acapararlas de forma egoísta.
- Ocúpese de sus hijos. A los demás pueden no parecerles tan adorables como a usted, y dejarlos armar alboroto en un barco corriendo libremente y salpicando en la piscina es desconsiderado hacia los demás pasajeros, así como poco seguro. Cuando parezcan estar demasiado excitados, busque alguna actividad que los tranquilice o llévelos al camarote hasta que estén menos hiperactivos.
- Si hay zonas para fumar, asegúrese de que fuma en ellas.
- Tenga en cuenta las normas sobre correr o hacer footing en la cubierta del barco con respecto a la seguridad o las horas del día. Las normas pueden estar puestas para evitar molestar a los del piso de abajo. Si participa en actividades de grupo, haga el esfuerzo de ser puntual.
- Tenga cuidado con los niveles de sus ruidos. Utilice auriculares para escuchar música en los lugares públicos del barco en lugar de llevar altavoces portátiles. En su camarote, tenga bajo el sonido de la música y de la televisión, ya que las paredes son muy finas. Cierre las puertas con cuidado, no dando portazos, especialmente de noche o por la mañana temprano.
- No beba demasiado. Las resacas fuertes pueden marearle, lo que, unido al movimiento del barco, puede provocar que sus náuseas hagan el viaje incómodo para usted y para los demás.
- Escuche las instrucciones de la tripulación de a bordo para no tener que preguntar después.

- Deje las quejas sobre problemas que la tripulación claramente no pueda resolver para cuando vuelva a casa y las pueda poner por escrito; por ejemplo, si el barco necesita hacer un cambio de rumbo inesperado o si experimenta algún fallo mecánico. En el momento, si hay problemas menores con los que la tripulación pueda ayudar (y recuerde que no pueden arreglar el tiempo), pídales amablemente su ayuda. Intente mantener el buen humor para que los demás no tengan que escuchar sus quejas.
- Si desembarca en algún momento, asegúrese de que sabe de antemano la hora de vuelta al barco, para evitar que se preocupen en el barco por partir sin usted.
- Dé el mismo tipo de propinas que daría en su vida diaria.
- Si el barco establece algunas normas adicionales, obedézcalas.

9.4.2. Embarcaciones de recreo

Reglas básicas:

- Lleve bolsas blandas en vez de maletas duras, porque son más fáciles de guardar. Vaya ligero de equipaje, ya que el espacio para guardar las maletas será limitado.
- El capitán establece las normas. Como es el responsable de todos los aspectos de seguridad a bordo, así como del cuidado general del barco, su palabra es la ley, desde la hora a la que apagar las luces hasta las restricciones para el uso del agua o el consumo de alcohol.
- Pida permiso al capitán para subir a bordo. Piense en la experiencia del yate o velero como en unas vacaciones en la casa de lujo flotante del capitán, donde usted es un invitado de honor. Pedir permiso para subir a bordo es el equivalente a llamar a la puerta en la casa flotante.
- Cuando suba a la embarcación, quítese los zapatos para evitar dañar el suelo de madera cuidadosamente pulido que hay bajo sus pies. Utilice zapatos de suela blanda como zapatillas de deporte o náuticos (se esperará de usted que los lleve). Si usa estos zapatos en tierra, revise sus suelas antes de usarlos en el barco de nuevo.
- No derroche el agua, ya que puede que el suministro sea limitado. Si tiene el pelo largo, pregunte al capitán o al patrón si

habrá suficiente para lavárselo a diario. Es mucho más importante tener agua para beber que para que usted luzca una cabellera brillante.

- El inodoro de a bordo a menudo tiene un sistema propio de funcionamiento. Siga cuidadosamente las instrucciones, ya que no hacerlo podría provocar un atasco.
- Mantenga bajo el nivel de ruidos. Cuando hable o escuche música o la televisión, piense si hay alguien durmiendo o descansando tranquilamente. Las paredes en los yates suelen ser delgadas y los ruidos las traspasan fácilmente, así que tenga cuidado no sólo por si molesta a alguien, sino también por lo que pueda decir.
- Si quiere echar un vistazo a la cocina, pida permiso a algún miembro de la tripulación y déjeles que le sugieran cuándo será el momento más adecuado, ya que en ciertos momentos puede haber allí mucho ajetreo, por ejemplo antes de la cena.
- Procure no beber demasiado en sus vacaciones náuticas. La resaca combinada con el mareo que puede producir el movimiento del barco no hacen buena pareja. Si hace amigos en tierra firme y el capitán todavía está despierto y visible a su vuelta, pídale permiso para subirlos a bordo.
- Dé propina a la tripulación antes de irse. Lo mejor es entregarle el dinero al capitán en un sobre sugiriéndole cómo repartirlo. Lo acostumbrado es dejar una propina entre el 10 y el 15 por ciento de la tarifa. Cuando deje las indicaciones de reparto de la propina acuérdese de incluir a todos los que han ayudado a que su estancia haya sido agradable (por ejemplo, la tripulación técnica y los lavaplatos, no sólo al personal de servicio o a los que haya conocido personalmente). Sin embargo, si sus ideas sobre cómo repartir el dinero no son muy equitativas o no incluyen al capitán, quizá sea mejor distribuirlo en sobres cerrados a la tripulación de forma individual.

9.5. LA ETIQUETA EN EL EXTRANJERO

La etiqueta en el extranjero es un asunto delicado. Los gestos y las frases pueden ser totalmente malinterpretadas en culturas diferentes. Lo que puede usted considerar como de buena educación (todo el despliegue de habilidades de observación y consideración, más allá incluso de lo que pueda ofrecer este libro) puede pasar desapercibido o incluso ser considerado ofensivo por las personas de otra cultura. Por ejemplo, el signo de «ok» de los británicos es ofensivo para los habitantes de Brasil. Es imposible evitar las meteduras de pata en otras culturas cada vez que se viaja, pero a continuación se ofrecen unos consejos para suavizarlas.

- Cuando visite un país con un idioma que usted no hable, cómprese un manual de conversación y aprenda unas cuantas palabras como «Por favor», «Gracias», «Buenos días», «¿Dónde está...?» o «¿Cuánto cuesta...?».
- Frases como «Buenos días», «Buenas tardes», «Buenas noches», «Por favor» y «Gracias» se usan generosamente en otras culturas, así que utilícelas con frecuencia. Será más difícil que alguien piense mal de usted por usar estas expresiones demasiado que por usarlas poco. Si no ha conseguido aprenderlas en la lengua local, dígalas en su propio idioma y sonría. El lenguaje no verbal positivo le llevará lejos en un país cuya lengua no habla.
- No insulte o tome el pelo a los de ese país en su propio idioma, dando por sentado que no lo entenderán. Aparte del riesgo de estar al lado de alguien que entienda lo que sale de su sucia boca, es simplemente de mala educación hablar de esa manera y probablemente ofenderá a alguien, ya que sus ojos y sus gestos pueden hacer evidente lo esencial de lo que está diciendo, aunque no le entiendan exactamente.
- Si viaja por el país, escriba en un papel su destino para enseñárselo al conductor del taxi o del autobús si no entienden su pronunciación del nombre del lugar al que se dirige.
- Sea consciente de que lo que en su país es de buena educación puede no serlo en un entorno desconocido.
- Cómprese una guía de viajes antes de llegar. Así como documentarse un poco sobre el lugar le hará ganarse una buena acogida, una buena guía turística le informará sobre la forma correcta de dar propina en ese país.
- Cuando hable con un nativo sobre su ciudad o país sea halagüeño, y nunca compare desfavorablemente su ciudad o país con el suyo propio. Encuentre algo agradable que decir, aunque sólo sea que la gente es muy amigable, y luego cambie de tema si sus alabanzas sobre las maravillas del país no son verdaderas.
- Tenga cuidado con tutear inmediatamente. Hable de usted hasta que le inviten a hacer lo contrario.

- Muestre interés por lo que le rodea. Pregunte sobre las costumbres locales así como por las atracciones turísticas; a todo el mundo le gusta pensar que su país es único y de interés internacional. Evite el tema de la política del país en el que se encuentra, pero esté preparado para hablar de la política de su propio país y de sus relaciones internacionales. Evite también las preguntas personales, esas que haría normalmente sobre la familia, ya que algunos pueden encontrarlo impertinente.
- Cuente chistes con cuidado, ya que pueden no traducirse bien a la otra cultura, aunque domine el idioma.
- Intente no poner impedimentos o rechazar comidas o bebidas a las que no esté acostumbrado. Le habrán sido ofrecidas amablemente y debería aceptarlas del mismo modo.
- Tenga cuidado con su espacio personal. En las distintas culturas hay diferentes conceptos sobre lo que constituye una invasión del espacio personal. Tenga en cuenta que puede estar metiéndose en el espacio personal de alguien, dependiendo de su propio concepto del mismo, así que, si la otra persona da un paso atrás, coja la indirecta y no avance usted hacia ella.
- Utilice una guía o busque en Internet información sobre las normas generales del país que va a visitar antes de salir de viaje. Muchas de estas páginas o guías señalan las diferencias en la práctica entre las costumbres de su país y las del que va visitar.
- Si es usted mujer, vista de forma ligeramente conservadora y discreta, con los hombros cubiertos, las faldas o pantalones por la rodilla o por debajo de ella y evitando los escotes profundos y las prendas transparentes, al menos hasta que no esté seguro de que los oriundos no consideran inapropiada su atrevida forma de vestir. Sea consciente de que cuando visite los lugares turísticos de la zona, en especial los dedicados al culto, llevar al descubierto ciertas partes del cuerpo, incluso sus pantorrillas o brazos, puede considerarse inapropiado. Compruebe con su guía o con el personal del hotel lo que es aceptable.
- Revise las normas sobre tomar fotografías antes de lanzarse alegremente a hacer fotos con su cámara. En algunos lugares, como en los museos o lugares de culto, no está permitido utilizar el flash, y en otros está prohibido hacer fotos totalmente. Respete las normas; están ahí para preservar los objetos que ha ido a ver y para animarle a comprar postales o foto-

grafías y ayudar así al comercio local y al mantenimiento del lugar del que ha disfrutado.

- Ser respetuoso con la cámara incluye no hacer fotos de la gente del país sin su permiso, en especial de los niños. En su propio país se podría llevar una torta por hacer esto, y puede ocurrir lo mismo en los países que visite. Los habitantes no son simples figuras de interés turístico, son también seres humanos, incluso aunque su cultura y su forma de vida le fascinen.
- Haga un esfuerzo e intente ver sus acciones desde el punto de vista de los nativos, y actúe de acuerdo con ello.
- En algunos momentos usted mismo no será consciente de estar saltándose alguna norma de etiqueta, pero si se da cuenta discúlpese inmediatamente y trate de explicar las diferencias culturales utilizando gestos no agresivos (por ejemplo, no cruce los brazos) y tenga quizá algún gesto de buena voluntad, como ofrecerse a invitar a una copa a la persona ofendida antes de irse.

10

LA ETIQUETA EN LA MESA

En este capítulo aprenderá cómo debe:

- Utilizar los cubiertos.
- Comportarse en la mesa.
- Pagar la cuenta.
- Comer una variedad de alimentos difíciles.

Una vez sentado, no empiece a comer hasta que todos los comensales hayan sido servidos. No obstante, en un encuentro informal o si el servicio es deficiente, el anfitrión puede y debe indicar a los que ya han sido servidos que pueden empezar sin esperar a los demás.

10.1. DISPOSICIÓN DE LOS CUBIERTOS

A continuación se ofrecen unas pautas generales sobre cómo utilizar los cubiertos:

✐ La etiqueta para el uso del cuchillo y el tenedor difiere de un país a otro. Generalmente, la norma más aceptada establece que cuando estemos utilizando un cuchillo y un tenedor, el cuchillo se coge siempre con la mano derecha y el tenedor con la izquierda. Como se observa en la figura 10.2, el tenedor se coge de manera que el dedo índice esté a dos tercios del final del mango, y el cuchillo de manera que el índice esté justo sobre el principio de la parte cortante.

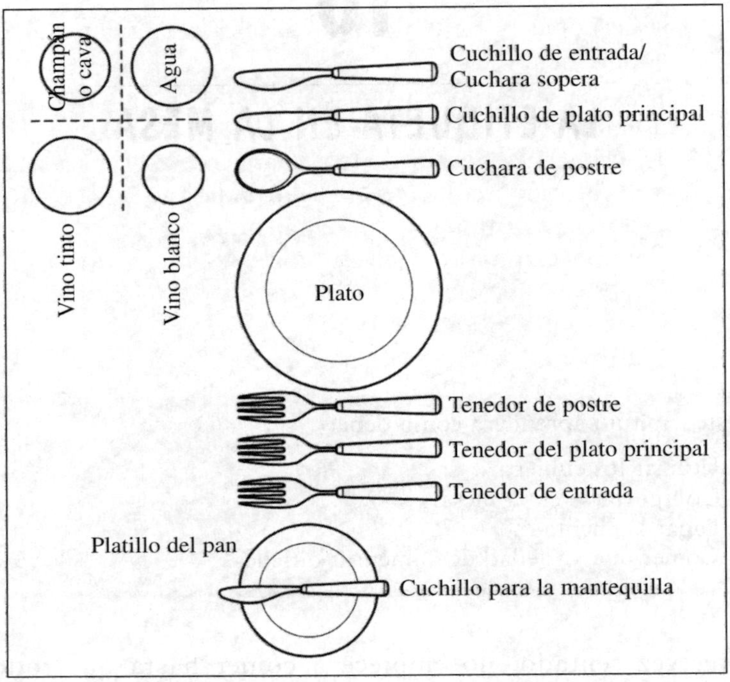

Figura 10.1.—Cubierto completo.

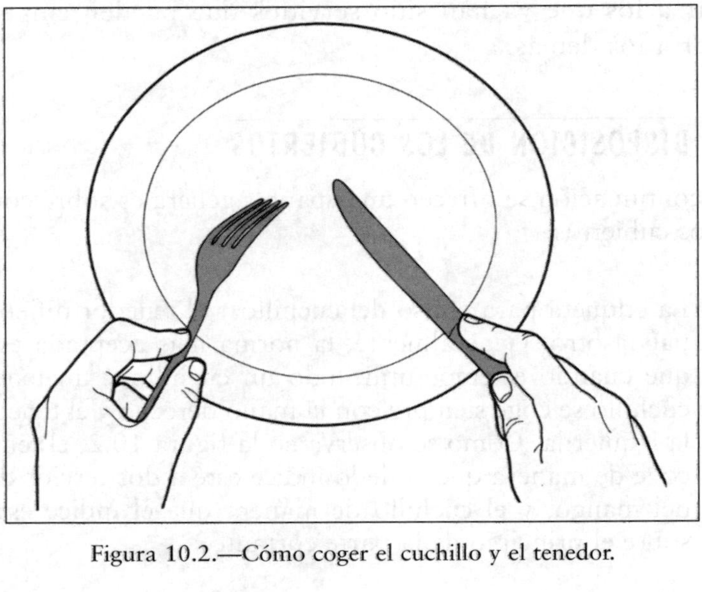

Figura 10.2.—Cómo coger el cuchillo y el tenedor.

- Coja las copas por el tallo o pie para evitar calentar el líquido que contienen.
- El postre se come con cuchara, utilizando el tenedor, si lo hay, para empujarse.
- Utilice el cuchillo y el tenedor sólo para comer, no para gesticular.
- Si se le cae algún cubierto al suelo, pida que se lo cambien.
- Cuando haya terminado con el cuchillo y el tenedor colóquelos juntos, tomando el plato como si fuera un reloj y los cubiertos las manecillas de los minutos, marcando veinte o treinta minutos pasada la hora.

10.1.1. Comiendo sopa

Coja la cuchara sopera como un bolígrafo, con el mango tocando la parte de la mano que hay entre el pulgar y el índice. Levante la cuchara desde el plato o cuenco separándola de usted (así cualquier gota caerá en el plato, no en su ropa). Cuando quede un poco de sopa en el plato, incline el borde del plato más cercano hacia el sentido contrario a usted y utilice la cuchara para coger la sopa también en la dirección contraria a usted. Tome la sopa sin hacer ruido. No sorba. Cuando apoye la cuchara en el plato para descansar, déjela en un ángulo como marcando veinte minutos pasada la hora. Cuando termine, déjela marcando y media.

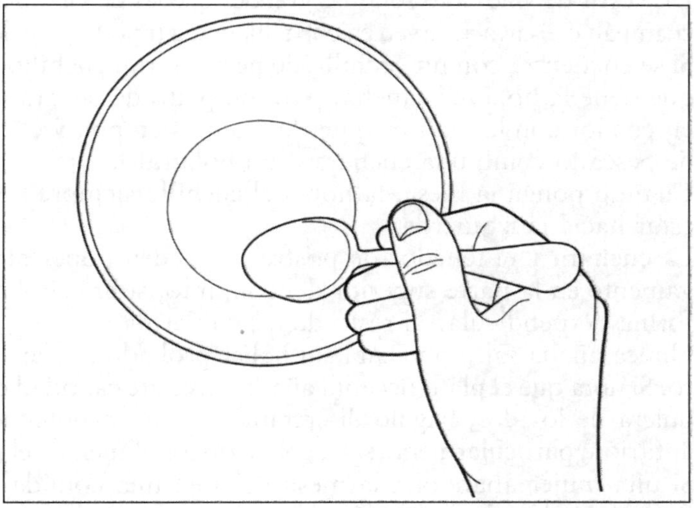

Figura 10.3.—La forma correcta de coger la cuchara sopera.

10.2. UNA LISTA DE «NOES»

- No se balancee sobre las patas traseras de la silla.
- No ponga los brazos sobre el respaldo de la silla.
- No se maquille ni se peine en la mesa.
- No deje ningún objeto personal sobre la mesa, incluyendo su teléfono móvil.
- No responda al teléfono en la mesa. Si necesita tener el móvil encendido, déjelo en modo vibración en el bolsillo y coja la llamada fuera.
- No tenga en la mano ni el cuchillo ni el tenedor mientras coge el vaso para beber. En vez de eso, deje los cubiertos sobre el plato (siguiendo con el símil del reloj) a las tres menos cuarto o a las cuatro menos veinte, con los dientes del tenedor hacia abajo.
- No pase el brazo por encima de otra persona para alcanzar algo de la mesa; en lugar de eso, pídale a alguien que se lo pase.
- No ponga los codos sobre la mesa mientras come.
- No chupe los cubiertos.
- No reorganice la cubertería si es zurdo.

10.2.1. Notas adicionales

- Las copas de vino tinto son más grandes que las de vino blanco. El champán o el cava se sirven en copa aflautada (más larga y delgada).
- Si se encuentra con un cuchillo de pescado (un cuchillo sin filo que tiene la hoja más ancha) para un plato de pescado, sujete el tenedor con la mano izquierda, como siempre, y el cuchillo de pescado como una cuchara o un bolígrafo.
- Cuando ponga la mesa, la hoja del cuchillo siempre tiene que estar hacia la izquierda.
- La cuchara y el tenedor de postre se pueden poner alternativamente en la parte superior del conjunto, sobre el plato y de forma perpendicular al resto de los cubiertos.
- Nunca añada sal o pimienta sin haber probado el plato primero. Si nota que el plato necesita añadir bastante cantidad de cualquiera de los dos, hágalo discretamente para no ofender a su anfitrión, particularmente si ha cocinado los alimentos él mismo.
- Si una mujer abandona la mesa durante una comida o cena formal, los hombres deberían levantarse un poco de sus asientos (no del todo) para despedirla.

- ✐ Controle su velocidad al comer para terminar al mismo tiempo que los demás comensales.
- ✐ Nunca moje dos veces en una salsa. Si un trozo de comida ha tocado su boca, no debería volver a tocar un plato o fuente común de salsa.
- ✐ No se chupe los dedos. Utilice una servilleta o un bol dispuesto para ello.

10.3. CÓMO UTILIZAR LOS PALILLOS CHINOS

Algunas comidas y utensilios de otras culturas son tan poco comunes para nosotros que la falta de conocimiento de su uso es aceptada, y por pedir un cuchillo y un tenedor nadie pondría los ojos en blanco. No obstante, la comida china y japonesa es ahora tan frecuente entre los occidentales que debería aprender a utilizar los palillos como una forma de acoger estas culturas.

1. Con la mano derecha, sujete la parte más ancha del primer palillo con la parte de la mano que hay entre el pulgar y el índice, de forma que el extremo más delgado quede entre la punta de los dedos corazón y anular (véase figura 10.4). Al comer, este palillo debería permanecer fijo, sin moverse.

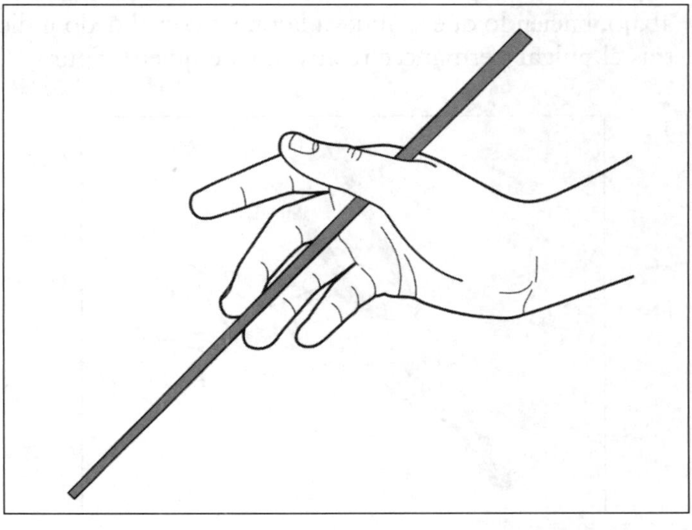

Figura 10.4

2. Coja el segundo palillo entre los dedos índice y corazón, como cogería un bolígrafo, poniendo el pulgar sobre el extremo más ancho (figura 10.5). Asegúrese de que las puntas más estrechas de los palillos están a la misma distancia, para poder coger la comida y evitar que se crucen.

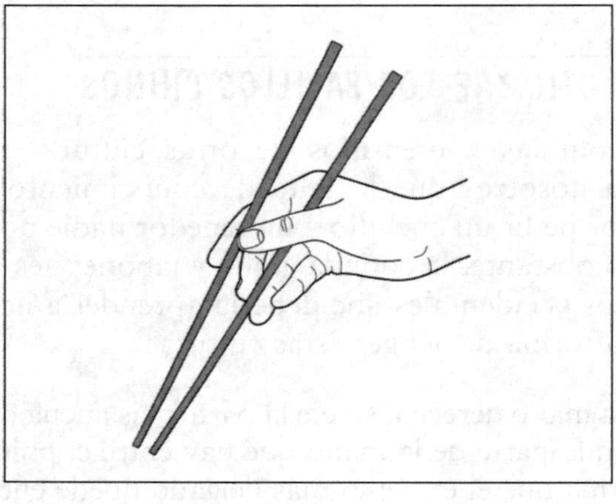

Figura 10.5

3. Sujete el primer palillo con firmeza y mueva el segundo arriba y abajo, haciendo que se mueva la punta con el dedo índice mientras el pulgar permanece relativamente quieto (figura 10.6).

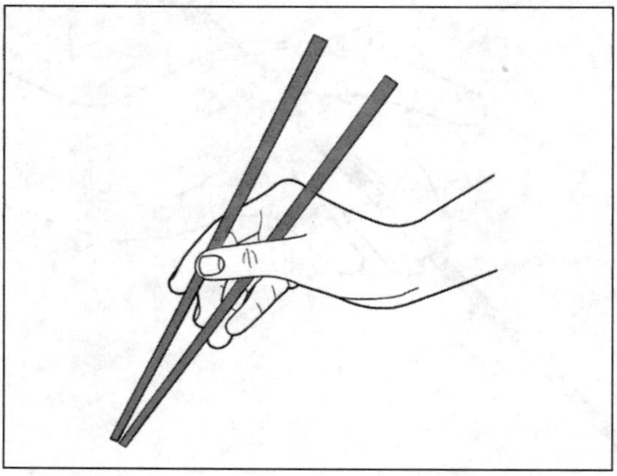

Figura 10.6

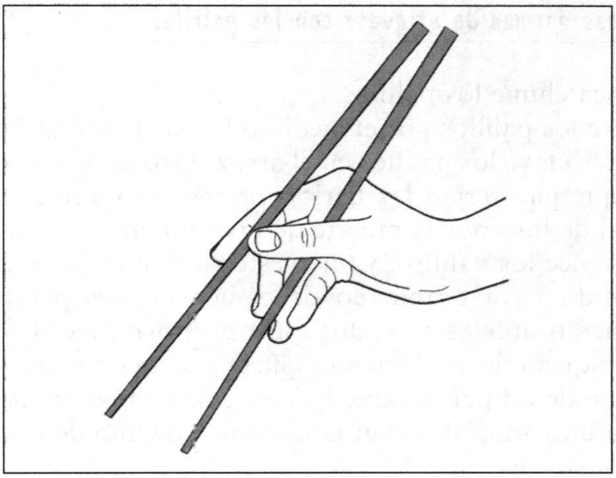

Figura 10.7

4. Practique a abrir y cerrar los palillos. Asegúrese de los extremos más anchos no se cruzan, ya que esto dificultará coger la comida. Sujete los pedazos de comida desde cualquier ángulo que le dé estabilidad; alrededor de 45º suele ser lo mejor.

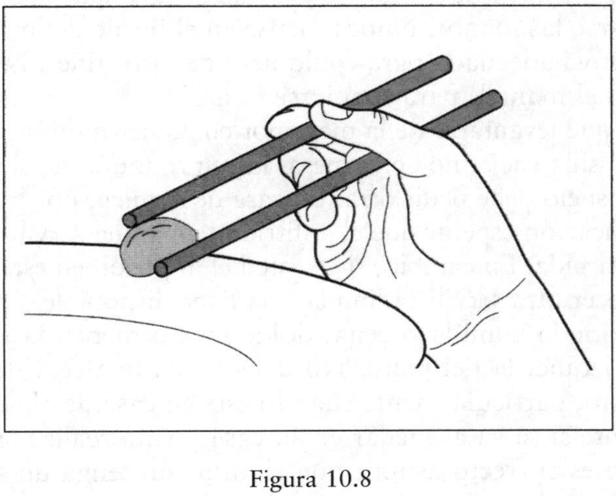

Figura 10.8

10.3.1. Otras normas de etiqueta con los palillos

- Nunca chupe los palillos.
- Sujete los palillos por el medio o hacia el extremo más ancho.
- Nunca clave los palillos en el arroz. Esto es de mala educación porque parecerían las baritas de incienso que se queman en señal de luto por la muerte de un familiar.
- No cruce los palillos, ya que esto simboliza la muerte.
- Cuando haya terminado de comer, déjelos planos sobre el cuenco o sitúelos paralelos sobre el apoyo específico para ello.
- La etiqueta de las diferentes nacionalidades que utilizan palillos difiere de un país a otro. Es conveniente revisar las normas de cada uno antes de cenar con alguien de uno de estos países.

10.4. LA SERVILLETA

Al llegar a la mesa, siéntese y ponga la servilleta sobre sus rodillas. Esto ofrece la impresión de que está preparado para que le sirvan (si está en un restaurante) o para comer (si está en casa de alguien). Colgarse la servilleta del cuello implica que va a comer con tan poco cuidado que espera echarse encima la mitad del plato. Por el contrario, ponérsela en las rodillas es una forma discreta de atrapar las migas que puedan caer.

Utilice la servilleta durante la comida para limpiarse con ligeros toques las comisuras de los labios y quitarse las migas descarriadas o para limpiarse las manos. Nunca piense en el borde del mantel como una alternativa adecuada para cualquiera de estos fines. No utilice la servilleta (o el mantel) para limpiarse la nariz.

Si tiene que levantarse de la mesa por cualquier motivo, deje la servilleta en su silla vacía, no en la mesa. En un restaurante, si se le cae la servilleta al suelo debe pedir otra. En casa de alguien, por otro lado, es de mala educación esperar que el anfitrión tenga una servilleta de más, así que no la pida. En cambio, si es usted el anfitrión en esta situación, debería ofrecer otra servilleta limpia si la tiene disponible.

Al final de la comida o cena, doble más o menos la servilleta y déjela a la izquierda del plato. No deje nunca una servilleta de tela sobre el plato, particularmente cuando esté en casa de alguien, y más especialmente si se va a quedar en su casa y va a realizar más comidas allí. No es correcto asumir que el anfitrión tenga un suministro abundante de ropa de mesa. El hecho de doblar la servilleta y dejarla a un lado, de forma que parezca que no está sucia, implica que usted está dispuesto a utilizarla de nuevo para su próxima comida.

10.4. PALILLOS DE DIENTES

Aunque estén en la mesa, no están para usarlos. Si tiene que usar un palillo de dientes o ha estado comiendo algo que normalmente se queda entre los dientes, como las espinacas, coja uno y váyase al servicio a utilizarlo allí. La mano no tapa lo suficiente como para hacer de este acto algo correcto en la mesa, y además, ¿dónde lo pondría cuando hubiera terminado de sacarse los trozos de comida a medio masticar de los dientes?

10.6. EL VINO

10.6.1. Elegir un vino

En un restaurante, para un no conocedor, elegir un vino puede ser una experiencia innecesariamente terrible, ya que, al contrario que la elección de la comida, todos los comensales se verán obligados a tomar el resultado de su elección, sea bueno o malo. Estos consejos le asegurarán que, incluso aunque elija involuntariamente un vino que sepa como el líquido de una batería, lo hará con el suficiente estilo como para asegurar que la elección ha sido una cuestión de mala suerte más que por una elección a lo loco.

Normalmente, quien invita paga (véase página 155), así que se esperará que sea esta persona la que elija y pruebe el vino. Si no se siente cómodo con esta función, simplemente delegue la responsabilidad en alguien que sí lo esté, o bien en uno de los invitados o en el *sommelier*.

La regla del vino blanco para carne blanca y el tinto para carne roja ya no es esa norma estricta que solía ser, ya que las distintas bodegas se han sofisticado mucho, y ahora un vino tinto puede ser más ligero que un blanco con cuerpo. El objetivo de la persona a la que le ha tocado la tarea de elegir el vino es maridar los platos elegidos por los comensales con el vino. A veces, los platos elegidos son tan diferentes que sería imposible hacerlo con una sola botella. Considere elegir más de una botella o pedir vino por copas. Antes de mirar la carta de vinos, pregunte a los demás si tienen alguna preferencia. Si dejan la decisión totalmente en sus manos, proponga un vino al resto de la mesa antes de pedirlo, para ver si es aceptado por todos. Si no tiene ninguna preferencia, pida al camarero que le sugiera algún vino que complemente sus platos. Si sabe algo de vinos, utilice sus conocimientos para hacer preguntas concretas, pero no se extienda mucho; a nadie le gusta que le aburran con un discurso sobre el tema.

El vino más caro no es siempre el mejor. De hecho, si se quiere tirar un farol, ésta es una elección más arriesgada que escoger un vino de precio medio. Si quiere parecer que tiene más dinero que sentido común, entonces elija el más caro sin ninguna razón, alegando una cuestión sentimental o de gustos.

Después de pedir, el *sommelier* o el camarero presentará su elección a la persona que lo ha pedido, mostrándole la etiqueta. Esto es simplemente para verificar que el vino es el correcto. Tenga cuidado en comprobar que de verdad es la botella y la fecha correcta en vez de esperar a encontrarse, cuando llegue la cuenta, que han estado disfrutando, sin saberlo, de una botella cuatro veces más cara de lo que esperaban. El corcho será extraído y puesto sobre la mesa; déjelo ahí.

Pruebe el vino para decidir si está bien. Al anfitrión se le servirá una pequeña cantidad. Dé vueltas al vino en la copa, huélalo y luego pruébelo. Este no es el momento para rechazar un vino por motivos de preferencias de gusto, sino sólo para comprobar que el vino no está acorchado ni picado.

Un vino no está acorchado, como muchos piensan, cuando hay trozos de corcho flotando en el vaso porque se haya descorchado mal. Se dice que un vino está acorchado cuando ha estado en contacto con un corcho infectado por un hongo que produce la sustancia química 1,2,4-tricloroanisol. Esta sustancia (más que el propio hongo) es lo que da al vino ese desagradable sabor a corcho. Un vino picado es fácil de identificar, ya que huele y sabe como un calcetín usado. Puede haber también otros objetos inidentificables flotando o puede aparecer turbio.

Si el camarero le ofrece el corcho, es para que lo huela y lo toque para comprobar si está excesivamente húmedo, lo que es un indicador de que el vino puede no haber estado almacenado adecuadamente. Si usted no se ve capaz de identificar si un vino está estropeado con este ritual, no hay necesidad de que lo haga o de pasar el corcho por la mesa para que lo haga otro. Es mucho más fácil decidir si un vino está estropeado por la muestra que le sirvan.

Una vez aceptado, el vino será servido. Deje la copa en la mesa en vez de, tratando de ayudar al camarero, levantarla hacia él. Es más difícil que acertar sobre una diana en movimiento. Dependiendo del tamaño de la copa, el camarero le servirá solamente un cuarto de copa cada vez. Esto es normal y no hay que pedir que le echen más. Si no desea beber, sonría mirando al camarero y diga: «Gracias, pero no bebo». Poner la mano de barrera o volver la copa del revés está considerado en el límite de la agresividad en lo que se refiere a la etiqueta en la mesa. El vino tinto se debe servir a temperatura ambiente. Aunque no le pongan automáticamente una cubitera para el vino blanco, no tema pedir una.

Durante la comida, el camarero volverá para rellenarles las copas. Sin embargo, si los camareros están muy ocupados o simplemente son poco atentos, hágalo usted mismo. Cuando vaya a hacerlo, ofrezca rellenar las copas primero a los que tiene a los lados.

Cuando se haya acabado la primera botella, pregunte a la mesa si les apetece seguir con el mismo vino o si prefieren pedir otro.

El champán o cava se debe beber al principio de la comida o al final, durante el brindis. Beberlo durante la comida se considera ordinario y de poco gusto.

10.6.2. Llevar su propio vino (descorche)

Llame siempre antes al restaurante para verificar que el descorche está permitido y a cuánto asciende la tarifa. A no ser que el restaurante especifique claramente que es uno en los que se permite llevar su propio vino, el vino que se lleva a un restaurante debería ser un vino raro o muy especial, y nunca debe aparecer en la carta de vinos del propio restaurante. Después de que el camarero haya servido a todo el mundo, es de buena educación ofrecerle probarlo.

10.6.3. Los deberes del anfitrión cuando la cena o comida se celebra en su propia casa

Antes de servir el vino, déjelo respirar a temperatura ambiente. Es responsabilidad del anfitrión asegurarse discretamente de que el vino no está estropeado. Organice el orden en el que quiere abrir los vinos si hay más de un tipo.

Cuando sirva el vino, tenga cuidado de no echar los sedimentos del final de la botella en la copa de un invitado y, si es necesario, deje la última media copa en la botella.

10.7. TEMAS DE CONVERSACIÓN APROPIADOS

En la actualidad, vale casi cualquier cosa como tema de conversación en la mesa, excepto ciertos temas de salud (que pueden provocar la pérdida de apetito), su disgusto hacia la comida (esto es un insulto hacia el anfitrión o el organizador), o la política y la religión (un animado debate puede acabar en una desagradable y monumental bronca). Además, en comidas de negocios, es mejor dejar la conversación sobre el trabajo hasta que hayan acabado el primer plato.

Sin embargo, el tema más incorrecto para sacar en la mesa es, propiamente, el de la buena educación y la etiqueta en la mesa. No informe a alguien de sus fallos en este ámbito. En lo que concierne a los buenos modales, esto es mucho peor que el que a alguien se le resbale el tenedor.

10.8. LAS QUEJAS

Si tiene que quejarse, hágalo al encargado y sin levantar la voz. Aunque el servicio haya sido malo y la comida infame, si se la ha comido debe pagarla.

10.9. ATRAER LA ATENCIÓN DEL PERSONAL DE SERVICIO

Si chasquea los dedos y dice «camarero» o el estridente «garçon», probablemente le sirvan la comida pero, merecidamente, con cualquier castigo que se les ocurra a los camareros. Éstos estarán pendientes por si alguien requiere su asistencia. Del mismo modo que lo hace en un bar, trate de cruzar la mirada con algún camarero, y si necesita hacer alguna seña más para ser visto levante la mano, pero no por encima del nivel de los ojos.

Si no consigue captar la atención de ningún camarero y necesita atención urgente, no es excusa para gesticular efusivamente. Simplemente, levántese de la mesa y vaya a algún miembro del personal para explicarle lo que necesita. Hágalo educadamente, no hay necesidad de montar ninguna escena. Si no está contento con el servicio, muéstrelo no dejando propina.

10.10. CHAMPÁN O CAVA

Al contrario de lo que la mayoría de la gente piensa, la forma correcta de abrir una botella de cava o champán es sin que el tapón salte y haga ruido. Para hacer esto, quite el papel metálico y el alambre que rodea al tapón, sujete con la palma de la mano izquierda la parte de superior del corcho, sujete la botella y gire la botella con cuidado. Sírvalo frío en copas aflautadas.

10.11. ALIMENTOS COMPLICADOS DE COMER

Algunas comidas tienen sus propias normas de etiqueta. Algunos consideran como un deporte de riesgo el forcejear con las patas de una langosta o trinchar una alcachofa, digno de ser practicado solamente por valientes y experimentados. Otros alimentos son menos complejos pero igual de peligrosos en términos de etiqueta. Una inocente raja de limón, por ejemplo, ha cegado involuntariamente a más de un comensal. Vea a continuación algunos consejos para enfrentarse a algunos de los alimentos más peliagudos.

10.11.1. Langosta

Si le sirven la langosta con su caparazón, necesitará unas tenazas o una maza. El tenedor pequeño también será útil para extraer la carne.

Antes de servir la langosta, probablemente será fracturada por todas partes y la cola será abierta por la mitad. Cada vez que quiera romper usted mismo cualquier otra parte, debe hacerlo con cuidado, sujetando la langosta y teniendo cuidado con la fuerza al golpear cuando use la maza. No se levante para golpear con la maza. Recuerde en todo momento que es una comida civilizada, no un concurso de fuerza. Cómase la carne de la cola sacando un trozo cada vez. Hay mucha más carne en una langosta además de en la cola y en las pinzas, pero tendrá que romper cada trozo para obtenerla, como en las patas. También se encuentran buenos bocados bajo el caparazón, como el *tomalley* verde (glándula digestiva también llamada mostaza o hígado) y, en las hembras, las huevas rojas (huevos no fertilizados). Si saca un pedazo particularmente grande, córtelo con el cuchillo y el tenedor. Las pinzas pequeñas se pueden limpiar y chupar su carne, como si fuera una pajita.

10.11.2. Cangrejos o nécoras

Como con la langosta, necesitará una maza o unas tenazas para abrir el caparazón si el cocinero no la ha preparado de modo que sea accesible sólo con un tenedor.

Primero tire de las patas y las tenazas, ya que es aquí donde se encuentra la mayor cantidad de carne. Después, rompa el caparazón con cuidado, procurando no salpicar a los demás. La mayor parte de lo que hay dentro del caparazón es comestible, pero como algunas partes, por ejemplo los pulmones, están contenidos dentro, a menudo no se come.

El cangrejo blando se corta y se come tal como está, con cuchillo y tenedor.

Debido al inevitable desastre que se organiza y el tiempo que lleva comer langosta o cangrejo, es aconsejable pedirlos sólo en grupo. Muchos restaurantes los sirven ya con la carne ya extraída del caparazón. Si es así, puede pedirlos individualmente. Si le ofrecen un babero, utilícelo.

10.11.3. Gambas o langostinos

Cuando se los sirvan enteros, primero quíteles la cabeza. Sujete la gamba o el langostino con las patas hacia arriba y pele la cáscara empezando por el medio de las patas y tirando hacia fuera a lo ancho de la cáscara. Las cáscaras vacías se deberían echar en un cuenco o plato de desperdicios separado.

10.11.4. Ostras

Inserte el cuchillo en la zona del músculo o bisagra que está en la parte de atrás y separe las dos conchas haciendo palanca a la vez que corta la bisagra (algunas ostras son presentadas con un cuchillo resistente y con un filo específico para ello). Después, deslice el cuchillo por debajo de la carne y corte el músculo que la une a la concha. No incline la concha para no derramar el líquido que tiene dentro. Por medio de un movimiento rotatorio, separe las dos conchas.

Algunos restaurantes las sirven ya abiertas sobre la parte posterior de la concha, en cuyo caso deslice el cuchillo entre la ostra y la concha para asegurarse de que está suelta, aderécela con el condimento que prefiera (un poco de pimienta o un chorrito de limón son los acompañamientos clásicos) y tome la ostra directamente de la concha. Algunas personas sugieren que se mastique para apreciar bien el rico sabor salado, pero es más fácil, y no está mal hacerlo, tragársela entera, ya que muchos encuentran desagradable su textura.

10.11.5. Pan

Nunca corte el pan con el cuchillo cuando se lo den en un platito. Coga siempre pedazos con la mano y, si lo desea, úntele mantequilla. Si la mantequilla está en un plato común, utilice el cuchillo que se provea para ello para ponerse un poco en su propio plato, y después utilice su cuchillo de la mantequilla para untarla en el pan. Nunca moje en la sopa.

10.11.6. Sushi

Utilice los palillos y/o los dedos. Aunque algunos los sustituyan por el cuchillo y el tenedor para comer otros platos chinos o japoneses, no es aceptable nunca para el sushi.

Sushi significa literalmente «con arroz», pero el término se refiere también al plato de pescado crudo y otras variedades con base de arroz, las cuales incluyen a menudo arroz y verduras envueltos con el pescado en un pequeño rollo de alga marina. Antiguamente considerado un raro manjar japonés, el sushi es muy común actualmente en el mundo occidental, aunque su manera de comerlo no sea la correcta.

Primero, eche un poco de salsa de soja en el pequeño recipiente colocado para ello. Demasiada salsa podría encubrir los delicados sabores del pescado, así que para evitar que el arroz actúe como una esponja, y también para prevenir que se le desmenuce en el cuenco de la salsa de soja, debe coger el nigiri (el sushi que es esencialmente una bola o un rectángulo de arroz con una tira de pescado encima) con los dedos, girarlo de modo que el pescado quede abajo, y después mojarlo en la salsa. El nigiri se debe comer con el pescado abajo, para que el sabor del pescado sea el primero en llegar a las papilas gustativas.

En general, cuando coma cualquier tipo de sushi, recuerde que la salsa de soja no es un componente necesario de la comida y debe ser utilizado con moderación. De hecho, algunos la dejan de lado completamente. Cuando sea posible, evite mojar la mayoría del arroz en la salsa de soja. El nigiri se debe comer de un bocado. Los rollitos de sushi con el alga alrededor se deben comer lo primero, ya que el alga se pasa enseguida.

El sashimi (lonchas de pescado crudo sin arroz) se debe comer con palillos. En un extremo del trozo de pescado se pone wasabi (rábano picante japonés) y en el otro salsa de soja. El wasabi es muy picante, así que ponga pequeñas cantidades a no ser que le guste la sensación de tener fuego en la boca. Algunos consideran que no se debe juntar el wasabi y la salsa de soja, ya que el contacto con el líquido elimina el sabor del wasabi, pero no se considera normalmente una falta de etiqueta, ya que es un comportamiento común tanto entre japoneses como entre occidentales.

Cuando se trata de rollitos de sushi o nigiri, el wasabi ya ha sido añadido por el chef entre el pescado y el arroz, con la misma consideración que un cocinero occidental habría aplicado la sal para equilibrar los sabores. Se puede añadir más al gusto de cada uno, pero tenga en cuenta que el fuerte sabor del wasabi está pensado para ser utilizado en establecimientos poco recomendables, para enmascarar el sabor del pescado de baja calidad. Por tanto, en los sushi bars, es mejor indicarle al cocinero que prefiere más wasabi y dejar que sea él el que lo añada a su plato. Si está en una mesa y prefiere añadirlo usted mismo, hágalo con moderación.

Para limpiar el paladar entre los diferentes tipos de sushi, mastique y cómase un trozo de jengibre. Algunos restaurantes o sushi bars ofrecen a cada comensal una toallita húmeda. Si come con los dedos, utilícela para limpiar sus manos entre cada trozo de sushi para mantener los sabores separados.

El sake, la cerveza o el té verde están considerados las bebidas más apropiadas para comer sushi. Muchos consideran que el vino tiene un sabor demasiado fuerte para acompañarlo.

10.11.7. Brochetas

Sujete el pincho con una mano. Con la otra, extraiga los pedazos de comida con un tenedor. Presione, pero no con mucha fuerza para que la comida no salga volando, ya que el trozo puede saltar inesperadamente. Para los pedazos que parecen pegados, simplemente siga presionando hasta que se despegue. Cuando haya pasado toda la comida del pincho al plato, ponga el palillo a un lado del plato y cómase los trozos con el cuchillo y el tenedor.

10.11.8. Donner kebab a las cuatro de la mañana al salir de la discoteca

Cójalo con las dos manos y utilice una servilleta. Inclínese hacia delante para que no le caiga la salsa de chili ni la mayonesa en la ropa. Bajo ninguna circunstancia se coma ningún trozo que haya caído al suelo. No hay excepciones a esto. Compártalo con sus hambrientos y alcoholizados amigos. Si va a compartir la cama con alguien al llegar a casa, asegúrese de cepillarse los dientes especialmente a conciencia.

10.11.9. Caracoles

Necesitará unas pinzas para caracoles y un tenedor de cóctel. Con las pinzas, coja un caracol cada vez. Extraiga el caracol con el tenedor y mójelo en la salsa, si hay. Ponga la concha en un cuenco aparte. La salsa de mantequilla puede ser deliciosa, pero no es excusa para chupar la concha.

10.11.10. Fajitas

No las rellene demasiado. Utilice las cucharas de servir que le hayan facilitado para rellenar su tortilla (mexicana), pero use las manos para enrollarla. Si los ingredientes son para compartir, tenga cuidado de coger sólo su porción de cada uno, para no dejar al último sin guacamole. Asegúrese de cerrar bien el extremo más alejado de su boca (tarea que será más fácil si ha sido moderado con el relleno).

Inclínese sobre el plato para comer, pero no meta la cabeza en él. Puede caer algo del relleno en el plato. Si sucede esto, use los cubiertos para comerlo, no los dedos.

10.11.11. Queso

Si el queso es presentado en forma de cuña, córtelo a lo largo, ya que la punta del queso (el centro en el queso entero) es más rica que el borde.

Si el queso es un queso duro presentado en un bloque cuadrado, córtelo de la forma que prefiera.

10.11.12. Alcachofas

Las hojas de las alcachofas se comen con los dedos. El corazón de la alcachofa se come con cuchillo y tenedor. Quite las hojas de una en una. Sujetando la hoja por el extremo más delgado, moje la base más ancha en la salsa disponible. Sujetándola todavía por el extremo fino, meta la hoja en la boca y tire de ella entre los dientes, quedándose así con la parte carnosa para comérsela. El resto de la hoja no se come, así que póngala en el borde del plato o en otro aparte, si lo hay disponible. Después de quitar y comer las hojas más grandes, encontrará unas hojas más pequeñas moradas terminadas en punta. Quítelas y no se las coma. Se encontrará entonces con el corazón de la alcachofa. Córtelo en pedazos con el cuchillo y el tenedor, y utilice éste para mojarlos en la salsa.

10.11.13. Uvas

Utilice las tijeras especiales (si las tiene) o los dedos para cortar un racimo de uvas del racimo principal y póngalas en su plato. De ese grupo, coja las uvas de una en una con los dedos.

Las uvas con pepitas se pueden comer o bien cortando la uva con un cuchillo de fruta y sacando las semillas, o comiéndose la uva entera y sacando las semillas de la boca con los dedos. No deje nunca las pepitas en el plato central de la fruta; póngalas en su propio plato o en una servilleta.

10.11.14. Melón y sandía

En un restaurante o en una cena o comida formal, si le sirven la mitad de un melón utilice la cuchara para sacar la carne de la piel. Si le sirven una rodaja más fina, puede utilizar el cuchillo y el tenedor. Si el melón es presentado en cubos, use un tenedor, no una cuchara.

La sandía se sirve normalmente en una rodaja y se debe comer con cuchillo y tenedor si se la presentan con cubiertos. Saque las pepitas con el cuchillo y el tenedor. En un ambiente más informal, el melón y la sandía se pueden comer sin cubiertos, pero intente quitar las pepitas primero lo mejor que pueda, o sáqueselas de la boca con los dedos índice y pulgar. Si está acompañado, nunca escupa las pepitas, incluso ni al aire libre, a no ser que esté en medio de la selva o en otro remoto lugar y no tenga con qué limpiarse las manos.

10.11.15. Tomates cherry

Como canapé, cómalos siempre enteros. En un plato, pinche con el tenedor uno, con delicadeza, y cómaselo entero o cortado por la mitad cuidadosamente. No lo pinche con fuerza, ya que puede salir un chorro inesperadamente.

10.11.16. Espaguetis

La forma tradicional de comer espaguetis establece que se deben coger unos cuantos espaguetis con el tenedor, poner los dientes del tenedor hacia abajo en una parte del plato que no tenga espaguetis y enrollarlos hasta formar un nido que será entonces metido en la boca. Los puristas creen que los espaguetis y los fideos no se deben cortar con el cuchillo o la cuchara, ya que los hilos o hebras representan la longevidad. El hombre y la mujer modernos saben hoy que esto es muy complicado, y que cualquier forma que sirva para conseguir llevarlos del plato a la boca sin el mínimo estropicio es válida. Intente no cortarlos siempre que sea posible, pero utilice, si lo desea, una cuchara como guía, haciendo así más fácil la fabricación de su nido de mini espaguetis. La única regla que permanece es ésta: si después de alcanzar la boca algunos espaguetis quedan colgando como una lombriz del pico de un pájaro, muérdalos y deje caer los trozos en el plato si es necesario. No los absorba hacia dentro de la boca a no ser que trate de crear algún tipo de obra de arte moderno con su ropa y la salsa de la pasta. Y cuélguese una servilleta del cuello de la camisa sólo si tiene menos de 5 años.

10.11.17. Guisantes

Mantener los guisantes en la parte posterior del tenedor sin la técnica correcta es como intentar clavar gelatina en la pared. Actualmente, algunos consideran razonable darle la vuelta al tenedor y utilizarlo a modo de pala para cogerlos. Otros, si embargo, consideran esta utilización del tenedor a modo de cuchara todavía totalmente reprensible, así que, aunque sea muy frustrante, es aconsejable cuando se encuentre en compañía de desconocidos ocuparse con cuidado de los guisantes. Con el tenedor en la mano izquierda con los dientes hacia abajo, utilice otro trozo de comida para crear una barrera de contención. Ponga unos cuantos guisantes en la parte posterior del tenedor y llévelos cuidadosamente a la boca. Este truco es más fácil de conseguir cuando algún otro elemento de la comida es algo pegajoso, como el puré de patata. Aunque debería intentar no acabar en esta situación, si sólo le quedan guisantes en el plato pinche unos pocos con los dientes del tenedor y suba otros pocos a la parte posterior. Los guisantes pinchados deberían sostener a los otros. No aplaste los guisantes para solventar el problema.

10.11.18. Mejillones

Sólo cómase los mejillones que estén abiertos. Utilice un tenedor pequeño o la concha de otro vacío a modo de pinza para sacar el mejillón. Una vez extraído, cómaselo entero. Utilice con frecuencia el cuenco con agua para limpiarse los dedos durante la comida, por ejemplo, después de comer un mejillón y antes de coger la copa.

10.11.19. Aceitunas

En un evento formal, cuando se sirven aceitunas en una bandejita con su aderezo, utilice el tenedorcito o el palillo para llevarlas a su plato. A partir de ahí, se pueden comer con la mano. En un ambiente informal es correcto comer las aceitunas directamente del cuenco donde estén presentadas, pero una vez que se haya tocado una aceituna o se come o se tira, pero nunca se debe dejar de nuevo en el cuenco. Si las aceitunas tienen hueso, métasela entera en la boca y saque el hueso con los dedos índice y pulgar. Eche el hueso en un cuenco o plato aparte puesto específicamente para eso, en una servilleta o en un lado de su plato, nunca en el cuenco de donde cogió la aceituna en primer lugar.

10.11.20. Naranjas

En un entorno formal, utilice el cuchillo de la fruta para pelar primero los dos extremos y luego el resto de la piel. Córtela en cuartos o separe los gajos con los dedos. Las frutas con cáscara fácil de pelar, como las mandarinas, se pueden pelar con las manos y después separar los gajos con los dedos, en vez de cortarlos con un cuchillo.

10.11.21. Raja de limón

Asegure la raja de limón con un tenedor y exprímala hacia donde no haya nadie. Si no tiene un tenedor a mano, utilice una mano para exprimir y la otra para cubrirse usted y a los demás de una posible salpicadura.

10.11.22. Patatas fritas

En un marco formal se deben comer con cuchillo y tenedor, mientras que en un entorno informal se pueden comer con los dedos. El uso del palito de madera que le ofrecen en los puestos de patatas fritas es opcional.

10.11.23. Hamburguesa

En marcos formales se deben cortar por la mitad, coger cada mitad individualmente y comerla como si fuera un sándwich. Inclínese hacia delante para asegurarse de que lo que se salga del pan caiga en el plato, lo que se podrá comer después con los cubiertos. En ambientes informales, coja la hamburguesa entera para comérsela.

10.11.24. Barbacoas

Los perritos calientes, hamburguesas, costillas y alitas de pollo se comen con la mano. Para comer filete, pescado o trozos más grandes de pollo utilice un cuchillo y un tenedor, cortándolos y comiéndolos trozo a trozo.

10.11.25. Pollo

En eventos formales, el pollo se come siempre con cuchillo y tenedor, sea cual sea la pieza que le sirvan.

10.11.26. Mazorca de maíz

En un ambiente formal, separe los granos de maíz de la mazorca con los cubiertos y cómalos con un tenedor. Informalmente, sujete la mazorca con las dos manos y coma el maíz con los dientes directamente.

10.11.27. Plátano

En una cena o comida formal pele el plátano, ponga la piel en un lado del plato de la fruta, corte el plátano en trozos utilizando el cuchillo de la fruta, y cómase los pedazos cortados con el tenedor de la fruta. Informalmente, si no sabe cómo comerse un plátano es que no es lo suficientemente mayor como para leer esta explicación.

10.12. PROBAR NUEVAS COMIDAS

Sólo hágalo cuando esté entre amigos, nunca en comidas de negocios o en eventos formales donde no conozca bien a todos los invitados. Si no sabe cómo se come algo, expóngalo y seguramente alguien le enseñará. Si nadie sabe cuál es la forma correcta, entonces anímese, porque será difícil ofender a nadie. Pida a los camareros que le indiquen unas pautas sobre qué partes son comestibles y cuáles no, y luego hínquele el diente.

10.13. CANAPÉS

Trate de evitar comidas que ensucien o difíciles de comer. Piense en el tamaño y en la textura. Si lo intenta, tenga una servilleta preparada para atrapar los trozos que salgan volando o lo que gotee. Si termina con algo en la boca que no puede masticar, transfiéralo discretamente de su boca a la servilleta y tírelo en el servicio o déjelo en la bandeja de los platos y vasos usados.

10.14. INVASIÓN DEL ESPACIO PERSONAL

Aunque las buenas maneras en la mesa son consideradas, a menudo, como la parte más delicada de la etiqueta por todos los elementos adicionales que están implicados, la tranquilidad en la mesa se puede conseguir observando las mismas reglas de buena educación que en la vida diaria. Piense en cómo ayudar a los que lo necesitan y cómo evitar invadir el espacio personal de los demás. Aunque coja el tenedor como un simio o beba champán en una taza, si encuentra la forma de hacerlo sin meterle el codo en la cara al de al lado, nadie se dará cuenta de sus faltas en los aspectos más finos.

10.15. PAGAR

Quien invita, paga. Los demás no deben pedir lo más caro de la carta. No obstante, si no hay un anfitrión claro, la cuenta se dividirá a partes iguales. Separar lo que ha costado todo lo que haya tomado cada uno es de muy poco gusto, ya que demuestra una gran falta de generosidad, a la vez que se pierde mucho tiempo hablando de dinero, lo cual no es el tema de conversación más agradable para terminar una cena. Si se va a pagar a medias, recuerde llevar dinero en efectivo, lo que facilita el proceso tanto a usted como a los camareros. No obstante, si hay alguien que ha comido de manera muy frugal, o no ha consumido ninguna bebida alcohólica, por ejemplo, son los demás los que deben insistir en poner algo más de dinero. Pero sean generosos y hagan un cálculo aproximado en vez de dividirlo exactamente, y pongan algún billete extra.

Aunque parezca muy injusto, los que ganan significativamente más deberían pagar más, sin hacer un gran show de ello. Si usted gana mucho, ponga algún billete extra, alegando que ha bebido más vino que los demás o que su plato ha sido más caro. Comer fuera es caro, y esos euros de más pueden marcar una gran diferencia para alguien con un presupuesto más ajustado. Sienta la satisfacción de la generosidad, y recuerde que es más fácil que un camello pase por el ojo de una aguja que un rico entre en el Reino de los Cielos..., así que pague algo más que lo que le toca, y seguramente le volverán a invitar y le regalarán una aguja gigante y un camello en miniatura.

11

HABLAR EN PÚBLICO

En este capítulo aprenderá cómo debe:

- Elegir las frases para hablar en público.
- Elegir los temas.
- Hacer brindis, presentaciones, agradecimientos, exposiciones y discursos.
- Hablar en la radio o en la televisión.

11.1. IDEAS GENERALES PARA HABLAR EN PÚBLICO

11.1.1. Uso del micrófono

Si es posible, llegue antes para probar el micrófono. Una vez que esté hablando, juzgue el volumen por las caras del público y ajuste su posición o la proyección de su voz si es necesario para bajar o subir el volumen. Habiendo hecho el ajuste del volumen, manténgase en esa posición. Si el micrófono causas más problemas que resuelve, intente prescindir de él y hable más alto.

11.1.2. Evite los clichés

Si la frase está muy oída o leída, aburrirá a la gente si la utiliza.

11.1.3. Uso de estadísticas

Las estadísticas son un instrumento muy útil para reforzar los argumentos, pero no se retienen bien al escucharlas. Cite sólo unas pocas imprescindibles y, cuando sea posible, no utilice números para presentar sus estadísticas. Por ejemplo, en vez de 50 por ciento, diga «la mitad»; o para el 51 por ciento diga: «algo más de la mitad».

11.1.4. Utilizar el humor

Los discursos se pueden hacer más agudos, más ligeros y más entretenidos aplicando el humor con cuidado. Sin embargo, para que el humor funcione debe ser oportuno y bien encajado en el flujo del discurso. Aunque resulte muy práctico utilizar el humor a expensas de la dignidad de alguien, no lo haga.

11.1.5. Palabrotas

No utilice nunca palabrotas. En su cabeza puede sonar divertido o dramático, pero en alto seguramente sonará grosero y puede correr el riego de ofender a los miembros más delicados de su audiencia.

11.2. BRINDIS

11.2.1. Hacer un brindis

Puede que le avisen con tiempo de que va tener que hacer un brindis por alguien, pero también puede que le pidan de repente, sin previo aviso, decir unas palabras. Trate de recordar que el propósito de un brindis es presentar a la persona a la que se le ofrece bajo una luz favorable. Si le han pedido hacer el brindis, será probablemente porque conoce bien a la persona.

Si le han avisado con poco tiempo, lo que suele ser el caso, no se deje llevar por el pánico. Mientras se llenan las copas, piense en la persona de la que tiene que hablar, qué tiene de especial, y en los buenos momentos que han pasado juntos o en las actividades en las que sabe que participa.

Para atraer la atención del grupo, póngase en pie levantando su copa (pero no le dé golpecitos). Baje la copa y hable despacio, claro y de forma sincera sobre la persona a la que se ofrece el brindis. Hable sobre la persona en tercera persona y hable por el grupo, por ejemplo: «Creo que todos estamos de acuerdo en que Julia es generalmente el alma de las fiestas, pero aquella vez en España, cuando organizó una carrera de relevos para echarse una siesta de cuatro días con los lugareños, fue probablemente su mejor momento». La mayoría de los brindis se hacen en ocasiones alegres, así que sea alegre en su discurso.

Hable durante uno o dos minutos, bañando en cumplidos al homenajeado, incluso si el ángulo que tiene que tomar es el de que sus amigos todavía le adoran a pesar de su gran cantidad de pequeños defectos. Este no es el momento de poner a nadie en ridículo: ofrezca un discurso limpio, especialmente si los hijos o los padres del homenajeado están presentes. No cuente chistes privados que puedan no entender algunos de los presentes.

Termine con: «Por favor, levantaos y uníos a mí, alzando vuestras copas por (nombre de la persona)». Levante su copa, beba y siéntese. Si están en un restaurante, es mejor que no se levanten.

11.2.2. Deberes del homenajeado

Si es usted la persona por la que se brinda, permanezca sentado y no beba. Levantarse y dar una sorbito a la copa puede parecer como si se estuviera felicitando usted mismo. En cambio, sí puede considerar levantarse y responder al brindis cuando haya acabado, dando las gracias tanto a la persona que ha hecho el brindis como al anfitrión. Si el brindis no está dirigido a una persona en concreto sino a todos los presentes, por ejemplo, un brindis patriótico o por un equipo deportivo, todo el mundo puede unirse y beber.

11.2.3. Qué beber

El vino y el champán son las bebidas tradicionales para brindar, pero las bebidas sin alcohol, como el agua, zumos o refrescos, son sustitutos válidos para aquellos que no toman alcohol. Para brindis informales, brinde con la bebida que quiera.

11.3. PRESENTACIONES

Antes de presentar en público a alguien, documéntese bien. Para hacer la presentación de alguien que va a hablar, debe decir su nombre y sus acreditaciones para dar el discurso. Asegúrese bien de que sabe pronunciar su nombre correctamente, que ha comprobado su título y ha confirmado su experiencia previa, que conoce por qué va a dar esa charla y el tema del que va a hablar. Las presentaciones tradicionales terminan con el nombre de la persona a la que está presentando, de la siguiente forma: «Damas y caballeros, Manuel Pérez».

Haga una presentación corta y específica; el público está ahí para escuchar al orador principal, no una presentación divagante. Si usted se encuentra entre el público, aplauda al final de la presentación para indicar que está de acuerdo con que merece la pena escucharle.

11.4. ORADOR PRINCIPAL

11.4.1. Conceptos básicos

- Si ha sido presentado, dé las gracias siempre al que lo ha hecho.
- Mire a sus oyentes a los ojos (a tantos como pueda) y hablándoles *a* ellos en vez de *hacia* ellos.
- No sobrepase el límite de tiempo, si lo tiene. Trate siempre de terminar el discurso antes de lo esperado mejor que después.
- Coordine sus esfuerzos en no aburrir a la audiencia. Estructure bien su discurso. Comience con algo sorprendente para atrapar su atención y termine con algo impactante. Practique.
- Utilice notas para recordar los puntos clave del discurso, en vez de memorizar o leer todo el discurso. De este modo sonará más natural, como una conversación con un grupo de personas, y no como una lectura.
- Sea sincero y documéntese. No es correcto esperar que le escuchen si no tiene un conocimiento profundo sobre el tema del que está hablando.

11.4.2. Analice a su público

Tenga en cuenta a quién va a hablar y adapte su discurso de forma adecuada. Utilice palabras que sabe que serán entendidas; no use jergas, acrónimos o expresiones coloquiales a no ser que esté seguro de que el público está familiarizado y cómodo con su uso. Elija palabras apropiadas para su audiencia.

Si embargo, con todo esto en mente, no hable a su público en tono condescendiente, especialmente si son ancianos o jóvenes. Ninguna de estas personas es tonta, y si ajusta su discurso para hacérselo accesible el asunto tratado será comprendido. Puede que usted sea una autoridad en la materia de la que habla, pero a los miembros de su audiencia les gustaría ser tratados como seres humanos inteligentes.

11.4.3. Evite irse por las ramas

No se salga del tema, cualquiera que sea. El público ha dedicado su tiempo en escuchar un discurso sobre un cierto asunto, y salirse de él no será bien apreciado, incluso en discursos no profesionales. Por ejemplo, si va a hablar en una boda, no se salga del tema de la novia, el novio y las experiencias de ambos, sin extenderse hacia quién ganó la liga el año que se conocieron, y cómo lo recuerda porque fue el mismo año en que usted conoció a su novia, y cómo la conoció exactamente, completándolo con las historias de sus primeras citas y el resto de su relación.

11.5. ENTREGAR UN PREMIO

Si ha sido presentado por alguien, primero debe darle las gracias. Si es usted el que entrega el premio, también recae en usted el elogiar a los organizadores del evento y la calidad de los otros participantes, si es que ha habido un concurso para el premio. También es normal explicar por qué se entrega este premio, y después dar el nombre del ganador con las siguientes palabras: «Tengo el placer de entregar este premio a...», o algo por el estilo.

11.6. ACEPTAR UN PREMIO

Sonría, parezca contento y sea breve en su discurso. Dé las gracias al comité que le ha otorgado el premio, así como a todos los que le han ayudado a conseguirlo (entrenadores, padres, etc.). Prepárese para la ceremonia pensando en lo que va a decir si gana usted el premio. Si la lista de las personas a las que necesita agradecer es larga, escríbala y llévesela con usted para consultarla cuando le entreguen el premio. No corte la lista a no ser que explique que leer la lista entera de nombres le llevaría más de dos minutos (donde cabrían más o menos 1.000 nombres). Es mejor dar las gracias a diez personas que no esperaban su agradecimiento que olvidar a alguien que sí lo merece.

11.7. PALABRAS DE AGRADECIMIENTO AL FINAL DE UN DISCURSO

Hace años, este tipo de agradecimientos solía ser un asunto formal que requería un discurso preparado a conciencia, pero actualmente se realiza de manera más espontánea. La clave para decir unas buenas palabras de agradecimiento al final del discurso de alguien es escuchar al orador y mostrar en sus palabras que ha retenido lo que éste ha contado.

No discuta ni corrija ningún punto del discurso principal. Si está tentado a hacer alguna de las dos cosas o si el discurso ha sido totalmente opuesto a sus propias ideas o principios, utilice una frase del tipo de «Muchas gracias, Sr. López, por su controvertido discurso, que seguro nos mantendrá a todos pensando durante un tiempo».

Termine con: «Señoras y señores, por favor, únanse a mí para expresar nuestro agradecimiento a (insertar nombre)».

11.8. HABLAR POR LA RADIO O EN LA TELEVISIÓN

Si no está capacitado para hablar del tema propuesto, rechace la invitación y, si es posible, proponga a alguien mejor preparado para hacerlo. Si ha sido elegido para representar a alguna organización o grupo, antes de aceptar compruebe que sus miembros desean que ese asunto sea tratado en público y tenerle a usted como su representante. Pregunte por qué ha sido usted elegido y tome su decisión en consecuencia.

Considere pedir una lista de preguntas antes de la entrevista. Esto le dará la oportunidad de pensar lo que quiere responder, pero no ensaye respuestas concretas porque arruinará la fluidez. Responda con más de una palabra, pero de forma corta y sencilla. No se repita y cíñase estrictamente al punto tratado. Concéntrese en hablar despacio y claro y evitando los «*ums*». Practique con un amigo antes de la aparición pública. No diga palabrotas, y piense seriamente si alguno de sus chistes puede ser ofensivo para alguien que le esté escuchando.

El tiempo disponible puede ser corto. Obedezca las instrucciones del presentador o del productor sobre cuándo parar de hablar. En televisión, acuda bien arreglado y con ropa apropiada.

12

SOBREVIVIR EN LA CIUDAD

En este capítulo aprenderá cómo debe:

- Sobrevivir entre la multitud.
- Utilizar el transporte público.
- Manejarse en el día a día de la vida de la ciudad.

La práctica de la etiqueta casi siempre se utiliza para adecuarse a cada situación. No obstante, en la ciudad, el problema con esto es que hay personas que consideran los malos modos una forma de vida. Por tanto, ¿cuáles son los trucos para comportarse bien?

En la ciudad, el espacio personal es del tamaño de una caja de cerillas, los desconocidos parecen más amenazantes, y en general hay simplemente más gente susceptible de ser ofendida. Hay ciertos comportamientos que se sustituirán con la simple observación y consideración hacia los demás, aunque a continuación se detallan algunos de los errores más frecuentes.

12.1. LA VELOCIDAD AL ANDAR

La gente de la ciudad quiere ir rápido a todos los sitios. Quién sabe por qué aquel hombre de traje prefiere hacer un *sprint* en el último kilómetro hasta el metro en lugar de salir 5 minutos antes de casa, o si la mujer del cochecito está de hecho entrenando para la maratón. En la ciudad, esa fascinación por andar rápido no es tanto una necesidad como una forma de vida, pero cuando usted llega a la ciudad acepta tácitamente seguir ese ritmo, o al menos intentar no quedarse en medio del paso estorbando. Iguale el paso si puede, y camine en línea recta donde sea posible. No andar en línea recta por la acera parece torpe y además molesta a los demás. Utilice el lenguaje corporal de alguien controlado: camine estirado con la cabeza erguida, y permita que su visión periférica guíe su próximo paso. No se pare en mitad de la acera a consultar un mapa; hágalo a un lado.

Para aquellos que intentan batir el record de marcha a pie, recuerde que a pesar de la habitual ansiedad de llegar a la estación de metro tres minutos antes, no es del todo moralmente correcto tirar al suelo a tres señoras de avanzada edad y pisar a un niño.

Transitar por una ciudad ajetreada es difícil. Antes de que se nos permita conducir debemos pasar unas pruebas para demostrar un comportamiento cortés y seguro a la hora de compartir la carretera con los demás. El tráfico por la acera es normalmente mucho más complicado, pero nuestra única guía es la práctica de la etiqueta, como se ha indicado anteriormente.

12.1.1. Cochecitos

El hecho de haber sobrevivido al parto no significa que la acera le pertenezca. No estrelle el cochecito en los tobillos de los demás. Además, no sitúe el cochecito en medio de la calzada como método para ralentizar el tráfico; es peligroso para el niño que está a su cuidado y una forma muy grosera de conseguir que le dejen pasar.

12.2. CRUCES

Mire a los dos lados antes de cruzar la calle y no se tire delante de los coches. Es de mala educación ser atropellado, y más aún no poder estar para reconocer que fue culpa suya. Si un coche se detiene para dejarle paso, levante la mano a la altura del pecho en señal de agradecimiento, incluso si es en un paso de peatones.

12.3. CUIDADO CON LAS BOLSAS

Hasta los burros pueden parecer elegantes comparados con muchos compradores compulsivos al final de una agotadora tarde de sábado. Otros puede que lleven una sola bolsa y anden gráciles como una gacela, pero sientan la necesidad de ir moviendo sus zapatos nuevos alegremente en la punta de sus dedos. Ninguna de esas posturas es ideal para espacios muy concurridos como los que se encuentran en una ciudad. La mayoría entiende que es difícil llevar muchas bolsas a la vez y concederán un poco más de espacio al comprador entusiasta. A cambio, el comprador entusiasta deberá tener cuidado y estar atento de que sus bolsas no se conviertan en una verdadera carrera de obstáculos para los demás. Asegúrese de que sus bolsas permanecen pegadas a usted; golpéese su propia pierna en lugar de la un extraño si es necesario. Son sus compras después de todo.

Sea considerado cuando deje sus bolsas en el suelo. Cuando sea posible, no las deje de forma que alguien las tenga que rodear para pasar. Si lleva un gran número de bolsas, intente no viajar en transporte público en las horas punta. Si tiene tiempo, pare en un café hasta que pase.

12.4. ESCALERAS MECÁNICAS Y ASCENSORES

En las escaleras mecánicas, permanezca quieto en la derecha con las bolsas delante o detrás de usted, y avance por la izquierda. El incumplimiento de esto hace que los demás piensen o que es usted un maleducado o que no ha sido educado en el mundo desarrollado.

Los ascensores, aunque se crearon para evitar que la gente sudara la camisa, a menudo provocan justo esto, ya que empezamos a usarlos sin necesidad y es preciso sudar para coger alguno. Cuando sea posible use las escaleras para subir o bajar dos tramos de escalera, para evitar parar sólo para usted un ascensor probablemente ya lleno.

En ambos casos, tanto en ascensores como en escaleras, ceda el paso a aquellos que llevan equipaje y ofrézcales su ayuda. Sujete siempre las puertas a aquellos que parezca que van a entrar, a menos que el ascensor esté ya al límite de capacidad.

12.5. EL METRO Y EL AUTOBÚS

Aquí hay unas pequeñas pautas:

- ✐ Esté atento a quién está sentado y quién está de pie. No le dé vergüenza ofrecer su asiento a otra persona que crea que puede necesitarlo. Las historias del caballero bien intencionado que es golpeado por la señora mayor ofendida abundan, pero recuerde que en esas situaciones será la anciana la que quede como una maleducada ante los que les rodeen.

- Tanto hombres como mujeres deberán estar preparados para ofrecer sus asientos a la gente mayor y a las mujeres embarazadas, pero los hombres deben hacerlo de forma inmediata, mientras que las mujeres deberían hacerlo sin quejarse sólo si parece que ninguno de los hombres tiene intención de levantarse. No está establecido en las normas de etiqueta que los hombres deban ceder su asiento a mujeres de edad similar, pero haciéndolo se demarcará como un caballero excepcional por entender la agonía que supone llevar unos tacones altos.
- Mujeres: no se sientan insultadas si los hombres no les ofrecen (o sí) un asiento, pero sean libres de maldecir por dentro (nunca en alto) a cualquier hombre que corra a quitarle un asiento y se acomode con cara de satisfacción.
- Si usted está con un niño menor de cinco años y los sitios son escasos, siente al niño en su regazo, dejando de ocupar un sitio que podría ser utilizado por un adulto.
- Nunca deje sus bolsas en un asiento vacío cuando el metro esté abarrotado y los asientos sean escasos; póngalas en su regazo o en el suelo.
- Usted puede pedirle a otra persona que mueva sus bolsas si están ocupando un asiento en el que se quiere sentar, pero no puede pedirle mover a su hijo.
- Aunque sea muy cortés sujetarle la puerta abierta a un amigo para que entre en un edificio o en una habitación, no mantenga la puerta del metro abierta, especialmente en la horas punta. Espere al siguiente tren. Mantener la puerta abierta demoraría a 500 personas durante 30 segundos (en otras palabras, causaría un retraso total de cerca de cuatro horas), mientras que esperar al siguiente tren supondría dos minutos, quizá uno.
- Si va dentro del vagón de pie cerca de la puerta cuando el metro está lleno, salga del tren para permitir que salga la gente, y luego vuelva a subirse.
- Puede estar lleno, pero no empuje. Dos cuerpos no pueden ocupar el mismo espacio al mismo tiempo.

- En horas punta sólo despliegue el periódico si existe espacio para hacerlo sin restregárselo a los demás. Si esto no es posible, conténtese con leer las páginas exteriores.
- Sonría a los desconocidos en el transporte público pero no hable. Si cree haber visto al amor de su vida, pásele al objeto de su afecto una tarjeta o un papel con su número cuando usted o ella se bajen. No le pida su número ni intente entablar conversación.

12.5.1. Higiene

Ser limpio y arreglado no es solamente un asunto de orgullo personal sino también de respeto a los demás. Use desodorante y cepíllese los dientes. Use ropa limpia. Los malos olores se aprecian más en espacios pequeños. Dúchese todos los días por la mañana, en particular en verano.

12.6. PAGAR SUS COMPRAS

Sea cortés pero breve en la caja por el bien de la cajera y de la cola que tenga detrás. En cafeterías muy concurridas, restaurantes de comida rápida o sitios con largas colas pague en efectivo siempre que sea posible. Intente no usar billetes de elevado importe para pagar pequeñas cantidades, en particular en el mercado, donde muchas veces no hay cambio disponible, aunque si es inevitable discúlpese. Si usted es el dueño del puesto y le ocurre esta situación, entienda que es inevitable que esto ocurra, así que asúmalo, no lo mencione y confíe en que el próximo cliente le pague todo con monedas de cinco céntimos.

12.7. EN LOS CAJEROS AUTOMÁTICOS

Para muchos, el miedo a sacar los últimos diez euros del mes sólo para que se los quite la persona que tiene detrás es suficiente para agudizar los sentidos sobre cualquiera que se encuentre a menos de un metro de distancia. Otros tapan el código PIN como si estuviesen escondiendo las respuestas de un examen de ortografía en primaria, echando miradas furtivas por encima del hombro. El problema es que los ladrones hoy en día no obedecen al código tradicional de vestimenta del pasamontañas y el equipo de gangster; por eso le es cada vez más difícil al ciudadano común distinguir a un verdadero criminal de otra persona cualquiera con problemas de espacio personal. Para pasar como alguien amable y sin que la prisión sea su próximo destino, quédese bastante detrás (cerca de dos metros si es posible) mientras mira al cajero para dejar claro que está en la cola. Mire en esa dirección a cualquier cosa menos al teclado. Y, por supuesto, no se ponga un pasamontañas.

12.8. TAXIS

Ser un cliente inofensivo es tan importante como que el conductor sea cortés. Recuerde que, muchas veces, el coche es de su propiedad, por lo que debe tratarlo con el mismo respeto que al suyo propio; no cierre las puertas con mucha fuerza y no lleve barro en los zapatos. Déjele propina. En ningún caso le llame «Señor taxista» o «conductor», porque eso es condescendiente. Para un taxista, la frase «el tiempo es oro» no podría ser más adecuada. Tenga el dinero preparado para dárselo antes de que termine el trayecto.

12.9. Y POR ÚLTIMO...

12.9.1. Crimen

Las tasas de criminalidad son más altas en las ciudades que en ningún otro sitio. Si alguien le roba, es comprensible que usted se olvide de algunas de las reglas más sofisticadas de etiqueta. Si alguien le quita el bolso y tiene la suerte de coger al ladrón, no tenga problema en darle con el bolso (y la mano) mientras aquel huye, e ignore cualquier restricción sobre los insultos. Llámele lo que le apetezca, siempre que no haya niños cerca, naturalmente.

12.9.2. Etiqueta en los clubes de *striptease*

Siga las reglas de la casa. Si cree que en determinado momento ha roto alguna de esas reglas y de alguna forma ha ofendido o molestado al personal, déjeles una buena propina para evitar resentimientos. Cuando piense en lo que debe dejar de propina, piense en lo que cobraría por hacer el mismo trabajo y sea generoso.

13

LA ETIQUETA DE LAS RELACIONES PERSONALES

En este capítulo aprenderá cómo debe:

- Hablar con una posible futura pareja.
- Salir con alguien.
- Compaginar los amigos y la familia con las relaciones sentimentales.
- Terminar una relación.

Los evolucionistas afirman que la práctica de la etiqueta es una actividad creada de la misma manera que los rostros simétricos, las caderas anchas y los pechos grandes en las mujeres, y los rasgos largos y cincelados en los hombres. Dicen que su único propósito proviene del deseo de encontrar una pareja con quien reproducirse; es un signo de haber tenido una buena educación, una buena familia y por tanto buenos genes. De tal modo, no es de extrañar que la etiqueta de las relaciones y las buenas maneras con fines sexuales pasen a un primer plano en las mentes de hombres y mujeres de hoy, y el tratamiento del sexo opuesto parezca para muchos el aspecto más importante en la educación a cualquier edad. Antiguamente, los aspectos más relevantes de la etiqueta eran aquéllos relacionados con las relaciones con el sexo contrario (presentaciones, cortejo y petición de matrimonio, por nombrar unos pocos). El principal objetivo de la etiqueta sigue siendo el mismo —las metafóricas plumas del pavo real para atraer a la pareja—, pero las reglas han cambiado drásticamente en los últimos 50 años.

Las pautas de comportamiento que se presentan a continuación se aplican a relaciones sentimentales, ya sean heterosexuales u homosexuales. Para mentes más liberadas pero menos científicas, el resultado final del nacimiento de un niño no es tan importante en nuestros días como el de encontrar a alguien con quien darse un revolcón en la cama. Además de este cambio de la norma de hace 50 años, el feminismo, aunque ha tenido indudablemente sus beneficios, ha complicado el mundo de la etiqueta. Con la liberalización del sexo «no tan débil» ha aparecido una plétora de dificultades para establecer el modo «correcto» de tratar a los miembros de géneros opuestos. Los hombres quieren ser generosos y las mujeres no quieren renunciar a la igualdad y al derecho de quemar el sujetador si les apetece al final de la noche.

Las reglas de etiqueta que se exponen a continuación se deben tomar más como un libro de normas que como un juicio sobre la capacidad de los sexos.

13.1. PRIMEROS PRINCIPIOS

Consejos generales:

- ✐ Actualmente, hombres y mujeres pueden pedir salir indistintamente. No obstante, sea del sexo que sea procure no mirar al pecho ni a los genitales.
- ✐ Tenga en cuenta el espacio personal de su presa. Mantener más o menos medio metro de distancia hasta que la otra persona se decida por usted le dará más probabilidades de atraerla más cerca después.
- ✐ Las frases cursis para ligar son deplorablemente inadecuadas y manifiestan una falta de originalidad. A las potenciales parejas les gusta pensar que son especiales, únicas y fabulosas para el que corteja. Utilizar una frase muy manida implica que, de hecho, éste no es el caso. Si es capaz de soltar la frase con ironía puede que se le abra una pequeña ventana, al llevar la conversación a un punto incomparablemente ingenioso, con encanto, interesante e inteligente, pero puede ser difícil de acometer. Para las mujeres probablemente sería más fácil de conseguir al acercarse a un hombre, ya que la novedad del cambio de roles está a su favor.
- ✐ Para una autopresentación menos peligrosa, hombres y mujeres pueden ofrecerse a invitar a una copa. Sin embargo, esa copa no compra tiempo para estar con el invitado, pues éste puede decidir bebérsela por libre. Es de mala educación, sin

embargo, no dar las gracias después de la primera copa y aceptar más de una sin tener una conversación con el que le ha invitado. Cuando le ofrezcan una tercera, si la intención del que invita es obviamente ligar, el receptor no debería aceptarla a no ser que comparta los mismos sentimientos. Por muy arruinado que esté, nunca pida dinero a cambio.

✐ Como alternativa, piense en algo original que decir y empiece con eso. Ser divertido ayuda, pero no necesita ser un gran humorista para que se le ocurra algo único, aunque sea simplemente lo que haya hecho que se fijen en usted. Las frases más ocurrentes crean más conexión que entrar directamente a matar.

✐ Si alguien trata de ligar con usted, incluso aunque usted se parezca a Marilyn Monroe y la media sea de 50 en una noche, sea agradable —hicieron falta agallas para entrarle—. Mienta si tiene que hacerlo, diciendo que lo siente (mienta), que le parece brillante (mienta) y que en otras circunstancias usted habría aceptado (mienta), pero que está saliendo con alguien en ese momento (mienta, mienta, mienta), o que acaba de romper con alguien (mienta) o que no está buscando a nadie en su vida por el momento (mienta). Sea divertido si puede para aligerar el ambiente. Por ejemplo, diga que se le acaba de morir el hamster y que está demasiado disgustado para pensar en un romance (mienta). Sea educado mientras deja claros sus sentimientos. Si alguien le rechaza, coja la indirecta, guárdese su orgullo, diga «qué pena» y vuelva con sus amigos, que disfrutan de su compañía.

✐ Un hombre o una mujer bien educados pueden flirtear con varias personas en una noche, pero intercambiar fluidos corporales de cualquier tipo (incluida la saliva) sólo con una. Así que elija bien, ya que los buenos modales modernos dictan que después del intercambio, incluso coquetear con otro no está bien.

✐ Si el objeto de sus afectos le da su dirección de correo para contactar en vez de su teléfono, no insista en pedirle el número. Distribuir información de contacto es una opción personal.

✐ No dé un número erróneo intencionadamente. Si prefiere no darlo, coja el suyo. En esas circunstancias, no es necesario utilizarlo.

✐ Observen esta diferencia crucial, damas y caballeros: está bien no llamar a un número que le han dado sin usted pedirlo o que ha sido pedido como un acto de defensa porque no quería dar el suyo; pero no es jugar limpio pedir un número de contacto espontáneamente y luego no utilizarlo. Si, en un momento de locura provocada por el alcohol, ignora esta norma, su halo de buenas maneras sólo volverá cuando envíe un breve mensaje diciendo que se lo ha pasado muy bien pero que no quiere salir con nadie en este momento.

13.2. LAS CITAS

13.2.1. Primeras citas

Organiza la cita el que la pide. Si usted es el organizador, ofrézcase a pagar por dos veces si la otra persona menciona pagar ella o a medias. Si la otra persona insiste una tercera vez, o menciona en algún punto que le haría sentirse más a gusto, déjele dividir la cuenta. El organizador no debe nunca dejar al invitado pagar la cuenta completa. Lo ideal sería que el organizador pagara la cuenta cuando el invitado se levantara de la mesa momentáneamente; así evitaría la situación totalmente.

Según la regla anterior, en las relaciones heterosexuales ocurre más a menudo que los hombres se encuentran con la obligación de sacar la cartera, ya que son ellos normalmente los que inician la cita. A no ser que parezca que la mujer se siente incómoda (hecho que puede juzgar siguiendo el párrafo anterior), el hombre debe insistir en pagar con entusiasmo, sin mencionar el feminismo, quizá lanzando una frase del tipo de «pagas tú la próxima vez», si tiene intención de volver a verla.

Comience la cita explicando que tiene que estar en algún sitio más tarde, aunque en realidad ese sitio sea el sillón de su casa con una taza de té. Quédese al menos una hora. Si después de esa hora se hace evidente que no desea volver a quedar con esa persona, váyase alegando la razón que mencionó al principio. Si tras esa hora le gustaría seguir con la cita, salga fuera a hacer una llamada ficticia que cancele ese compromiso. Sólo salga por la puerta de atrás o por la ventana del baño si se siente asustado. Haga que un amigo le llame para comprobar que todo va bien desde el punto de vista de la seguridad, pero no con una «urgencia» que requiera su asistencia inmediata.

Hable de temas generales; por ejemplo, del trabajo, la casa, el tiempo o el metro. Manténgase fuera de asuntos de alto riesgo como el aborto, la eutanasia y los ex. Los temas que pueden provocar reacciones emocionales no son los adecuados para tratar en la primera cita, así que no los saque. No pregunte por cosas del tipo de cuándo fue la última vez que se hizo un test de ETS (enfermedades de transmisión sexual), a no ser que quiera acostarse con esa persona esa noche. No pregunte cuánto gana al año. Intente, en cambio, sacar temas de conservación agradables. Las primeras citas son para comprobar las luces brillantes de la superficie, no lo que hay en el fondo.

Aunque, como se ha demostrado en distintas partes de este libro, las buenas maneras le pueden forzar a ser groseramente mezquino diciendo la verdad, no diga «te llamaré» si es una mentira descarada. Si en medio del pánico por salir corriendo le da un ataque de diarrea verbal y sale de sus labios una frase como esa, al día siguiente mande un mensaje al móvil o un email con alguna excusa que le muestre incapaz de salir con esa persona por el momento (como «me gustas, pero no estoy preparado para salir con alguien en serio», o más sincera: «eres una gran persona pero creo que no hay química entre nosotros)».

13.2.2. Segundas citas

La segunda cita debería seguir el mismo patrón que la primera. El que la pide la organiza y hace el intento de pagar. Los temas de conversación pueden ser un poco más arriesgados, pero teniendo en cuenta que aún no son los mejores amigos. Si parece que algún tema está provocando una reacción emocional, es mejor cambiarlo que profundizar en él.

13.2.3. Terceras citas

No importa quién la pida. Si llegados a ese punto la misma persona ha pagado ya dos veces, es la obligación de la otra persona «aflojar la pasta» en ese momento. En las relaciones heterosexuales, es normalmente el caso del hombre ofreciéndose a pagar y la mujer insistiendo en hacerlo. Si, en cambio, le da lo mismo, el organizador de la cita paga o se divide la cuenta. Los temas de conversación pueden ser un poco más profundos, pero no presione a nadie para hablar sobre algo que claramente le hace sentir incómodo.

13.2.4. Cuartas citas y siguientes

Ambas partes deben encontrar la manera de pagar lo suyo, para no convertirse en una carga económica. Sólo porque alguien crea que es usted mejor que el champán en una tarde de sol, no significa que su salario se doble milagrosamente después de su primer beso.

No hay un momento «correcto» para tener sexo con alguien. Insinuar que alguien ha elegido un mal momento por medio de actos o palabras es de una descortesía extrema. Si termina en la cama con alguien en la primera cita, antes de tacharle de «fácil» o de «pendón» recuerde que para bailar el tango hacen falta dos.

Espere a que se lo pidan antes de dejar sus cosas en casa de su pareja. Después de seis meses, si esto no ha ocurrido de forma natural dígale a su pareja que necesita dejar una pequeña bolsa con cosas en su casa, en vez irlas dejando «de forma accidental». Si es en su casa donde está durmiendo con alguien de forma regular, permita a la otra persona que deje algunas de sus cosas allí. Acepte la invasión del espacio con elegancia y discúlpese por no haberlo sugerido usted mismo. Trate de no discutir sobre los ex durante toda la relación.

Algunos consideran el día de San Valentín como una chorrada comercial en forma de corazón. Si usted lo considera así, de ninguna manera renuncie a sus principios, pero tampoco debería ignorar el día. Hágale usted mismo una tarjeta a su pareja, prepárele un baño y una cena.

Traten de quedarse en casa de cada uno de forma equitativa. Siempre es agradable despertarse uno en su propia cama, así que comparta ese privilegio, incluso aunque uno de los dos viva en un lugar menos conveniente.

13.2.5. La seguridad es lo primero

Los preservativos deben ser comprados por ambos miembros de la pareja. Todo el mundo debería tener una discreta pero práctica reserva de condones. La responsabilidad de facilitarlos recae normalmente en el dueño de la casa, pero conviene no contar con ello si se avecina la perspectiva de pasar una gran noche en la cama. Si la situación lo requiere, el coste de la píldora del día después se debe pagar a medias también.

En las parejas heterosexuales, es correcto preguntar a las damas si ya toman algún tipo de medida anticonceptiva, y si aun así prefieren que utilice un preservativo. Nunca dé por hecho que el hombre lleva la «goma» puesta o que la mujer toma la píldora.

Es razonable (y seguro) pedirle a su pareja que se haga un análisis de enfermedades de transmisión sexual (ETS) antes de acostarse con ella. También es razonable pedirle que continúe utilizando como barrera un método de protección. En vez de cuestionar «dónde habrá andado el sinvergüenza», pídalo como un seguro para usted. Nunca se queje o proteste en respuesta a alguna de estas solicitudes.

Se debe hacer una mención especial a los dispositivos intrauterinos (el DIU) como método anticonceptivo. El DIU, una vez colocado, aumenta la posibilidad de que una mujer coja una enfermedad de transmisión sexual, y una vez cogida la infección ésta puede causar infertilidad con más rapidez que en otras mujeres. Engañar a una mujer mientras está usando el DIU y acostarse de nuevo con ella después sin haberse hecho un análisis completo de ETS, está mal desde el punto de vista de la etiqueta y de la ética, y es una falta de moral y cuidado. Si usted hace esto, merece ser contagiado con un herpes genital para el resto de su miserable vida.

Mentir sobre embarazos, la presencia de enfermedades de transmisión sexual, los análisis o los métodos anticonceptivos es de mala educación. Avise a su pareja sobre cualquier enfermedad o infección contagiosa que puede tener antes de la actividad sexual. Es prudente hacerlo antes de entrar en la habitación. Asimismo, también es justo hacer saber a su pareja si hay alguna otra persona en su vida.

13.3. CONOCER A LA FAMILIA Y LOS AMIGOS

Pregunte a su pareja sobre sus padres y hermanos antes de conocerlos, haciendo especial hincapié en qué temas provocarán en ellos una buena impresión y cuáles les causarán disgusto y horror. Si va a conocer a los padres en su casa, aunque su pareja insista en que no hace falta llevar ningún regalo descubra qué les gusta y encárguese usted mismo de llevar una buena botella de whisky, vino, flores o bombones, o cualquier otra cosa que indique que ha tenido interés.

Padres: recuerden el nombre de la pareja que les han presentado. Olvidarlo indica que su hijo o hija no consideran a su pareja lo suficientemente importante como para hablarles de ella. Confundirse de nombre, cosa que pasa a menudo, por el del ex del hijo o la hija o por el de un amigo suyo, implica que usted desearía que su nueva pareja fuera de hecho esa persona a la que nombra. No bromee sobre bebés o bodas, y actúe como si acogiera en la familia a la nueva pareja, incluso aunque, en el fondo, no crea que vaya a encajar nunca.

Los padres pueden seguir las normas sobre «los mejores amigos criticando a la nueva pareja» que se establecen en la página 182. Si usted es la pareja, no critique a sus «suegros» aunque su pareja lo haga.

La primera vez que su nueva pareja conozca a sus padres, esté cerca de ella. Usted puede querer a ambos, pero puede que ellos no se conviertan en buenos amigos inmediatamente. Métase con su pareja bromeando como lo hace normalmente, pero recuerde que ésta está tratando de causar una buena impresión, y que esa impresión será probablemente un reflejo de cómo actúe usted con ella. Una a su pareja y a sus padres en una conversación como grupo. Recuerde que si usted está malhumorado, sus padres lo verán indudablemente por causa de la presencia de su nueva pareja y no como resultado de haber tenido una dura semana de trabajo, de que el coche no arranque o de que su equipo no haya ganado la liga. Del mismo modo, no se meta con su pareja enfrente de los amigos íntimos de ella o de su familia, a no ser que sea totalmente en broma.

Cuando le presenten a los padres de su pareja, sea especialmente cuidadoso con su aspecto y vista algo apropiado para la ocasión, tirando hacia algo más conservador, dejando a un lado cualquier prenda que enseñe demasiada carne. No beba mucho alcohol durante el encuentro y envíe después una nota de agradecimiento si la visita ha sido en su casa.

Si se quedan a pasar la noche en habitaciones separadas, cualquier «visita nocturna» a su pareja debe hacerla la persona de cuyos padres sea la casa.

13.4. RUPTURAS

13.4.1. Cuando usted es el que rompe

Después de la primera cita, si no desea continuar como amigos simplemente deje de contactar. Si la otra persona intenta contactar con usted, envíele un mensaje para aclarar la situación. En cualquier momento antes de la cuarta cita está bien enviar un email o un mensaje al móvil para romper. Después de la cuarta cita, al menos es necesario hacerlo por teléfono. Si uno de los dos se refiere al otro como su novio, novia o pareja es preferible un encuentro, pero si la relación ha sido informal y corta una llamada es suficiente. Si viven juntos o están casados, debería hablar cara a cara.

Para aquellos que corten con sus parejas por carta, email o mensaje de texto, es mejor echarle la culpa a la falta de química que a cualquier defecto suyo o de la otra persona. Está bien mencionar que le encuentra una persona físicamente atractiva y muy divertida, pero que simplemente no siente la chispa. Revise la ortografía. Léalo al menos dos veces para asegurarse de que ha dicho todo lo necesario para marcar el fin de la situación, pero sin incluir nada que le pueda herir. No envíe un mensaje de ruptura al correo electrónico del trabajo o un mensaje al móvil en su horario laboral. No le obligue a sufrir la indignidad de tener que aguantarse las lágrimas durante el resto del día en la oficina.

Planee meticulosamente el encuentro cara a cara o la llamada telefónica. Piense en el momento y el lugar más adecuado y hágase un esbozo de lo que va a decir y lo que no. No es aconsejable advertir al futuro ex con un «tenemos que hablar», o cualquier otra versión de esta frase, a no ser que esté decidido a romper con él en ese momento. Nunca es buen momento para tener una conversación con la que inevitablemente hará daño a una persona que le importa, pero unos momentos son peores que otros. Por ejemplo, un lunes por la mañana no es un buen momento, ya que la parte herida tendrá que soportar un día lleno de lágrimas en el trabajo y esperar horas hasta que pueda ahogar un poco su dolor con algo de alcohol. También es un mal momento cualquier día en que la otra persona esté de luto.

Piense bien el sitio donde va a romper. No elija su bar o restaurante favorito. Tampoco debe ser ni en su casa ni en la de la otra persona: hacerlo en su casa es de vagos, y hacerlo en la de la otra persona le dejará un montón de recuerdos tristes asociados al lugar que, para la mayoría, es de paz y descanso. Elija un lugar razonablemente tranquilo pero no romántico, y haga que sea en un sitio cercano a su casa, para que pueda irse después del acontecimiento fácilmente y sin pasar un mal rato si rompe a llorar en el autobús.

No corte con su pareja inmediatamente después de haber tenido sexo con ella. Si elige romper mientras están en su casa siendo ya de noche, quizá incluso estando ya en la cama, debe ofrecerse a llamarle un taxi y pagarlo para que se vaya a su casa o acompañarle andando si la distancia es corta. Si fallan cualquiera de estas dos opciones, por ejemplo, y la situación se vuelve incómoda (no hay taxis disponibles y su ya actual ex vive a 50 km de distancia), se debe usted ofrecer a dormir en el suelo o en el sofá y dejarle la cama a su ex pareja.

Nota para cobardes: es más que reprobable hacer la vida de otra persona miserable durante meses o años esperando que sea el otro el que rompa con usted. Asimismo, informe a la otra persona de que ha roto con ella; no deje simplemente de responder a sus llamadas.

Piense lo que va a decir antes de abrir la boca. Los clichés se han desarrollado por la existencia de gran cantidad de sentimientos iguales, pero su uso apesta a una falta de sensibilidad o tacto. Si se le escapa algún cliché o frase hecha, asegúrese de usar sólo esa, reconozca su uso y utilícelo sólo si puede justificarlo.

Preferiblemente, ofrezca la justificación sin utilizar el cliché. Por supuesto, a no ser que la otra parte le haya ofendido de verdad, siempre debe hacer creer que es culpa suya, no del otro.

Hay que ser sincero hasta un límite. Es mejor que le mientan a uno a que le hagan daño innecesariamente. Decida de antemano si quiere que esto sea una discusión sobre qué necesitan cambiar para seguir juntos o el anuncio del fin de la relación. Si es lo primero, sea lo más sincero posible. En el segundo caso, dé la información necesaria para aclarar la situación, no más.

No sugiera a la otra persona qué podía haber hecho para mejorar el tiempo que han pasado juntos y no le dé consejos para futuras relaciones. Si lo quiere, se lo pedirá. No proponga tener sexo por última vez antes de romper o seguir acostándose por un tiempo. Uno de los dos tendrá la esperanza de que adquiera de nuevo el estatus de relación amorosa, y seguramente no será usted. No le diga a su ex que todos sus amigos piensan que está loco por dejarle ir, más aún si sus amigos están saltando de alegría y le han ayudado a organizar su estrategia de ruptura.

Si fue algo serio, proponga quedar otra vez para verse. Llame a la persona después de unos días para comprobar si está bien. Si no contesta, inténtelo de nuevo unos días más tarde. Si tampoco responde, respete el hecho de que no quiera volver a verle y deje de llamar. Es a lo que se arriesgaba al romper con ella. Deje un mensaje en el contestador explicándole que le gustaría seguir en contacto pero que no quiere molestar, así que lo deja a su elección. Insista en la diferencia entre la falta de química y la falta de amistad y respeto.

Si se lo pide su ex, tenga una larga conversación post-ruptura para ver qué fue mal. Es su deber. Después de esta conversación, volver a hablar del tema es ya una elección, no una obligación. Manténgase escondido durante una semana después de cortar. Siempre debería decir que ha sido una decisión muy difícil, y tiene que dar la impresión de que no estaba mintiendo. Si no se esconde, la ley de Murphy dice que uno de los amigos de su ex le verá bailando «I'm too sexy» la misma noche de su ruptura y reportará la lamentable noticia.

Es asunto del que ha sido dejado decidir cuánto quiere saber sobre su nueva vida. No le fuerce a tener demasiada información. No lleve a sus nuevas parejas a los sitios donde pueda encontrarse con su ex durante los siguientes seis meses, o hasta que se entere de que está saliendo con alguien. Si, pasado el tiempo, oye por casualidad a su ex pareja decir alegremente que la ruptura fue mutua, o que ella le dejó a usted, no salte a corregirle. Le está permitida esta pequeña mentirijilla.

13.4.2. Normas de etiqueta para las dos mitades de una pareja rota

- ✐ No le cuente a sus amigos o a los de su ex pareja todas las cosas horribles que ésta dijo sobre ellos.
- ✐ Aunque le hayan hecho mucho daño, no tome represalias inmediatamente intentando que le despidan del trabajo, acostándose con su mejor amigo o amiga o diciéndole que le ha pegado una enfermedad de transmisión sexual. Espere un mes. Si todavía quiere vengarse, piense bien las consecuencias antes de entrar en acción.
- ✐ No le llame o le mande mensajes al móvil o por email a horas intempestivas o habiendo bebido.
- ✐ No seduzca a ningún amigo de su ex pareja a no ser que crea que es amor de verdad. Incluso aunque sea el caso, se trata de una señal de respeto hacia su ex, aunque no vayan a seguir en contacto, esperar unos meses, si no años, antes de revelar sus sentimientos. Si sigue en contacto con su ex, dígaselo oficialmente a éste antes que a su nuevo amor.
- ✐ Permita que sea la persona dejada la que ponga fecha para devolverle sus cosas. Si esto no ha ocurrido en dos meses, llámele para proponerle el intercambio cuando le venga bien a ella.

- Nunca lleve a sus nuevas parejas a lugares que hayan sido especiales para usted y otra persona.
- Si la ruptura ha tenido lugar como resultado de serios agravios, como repetidas infidelidades o violencia doméstica, ignore todo lo anterior. Simplemente, déjele. No es necesario dar una explicación.

13.4.3. Para los corazones partidos

Puede llorar y gemir una vez delante de su ex pareja. Después de esa vez, evite contactar hasta que esté calmado. No es productivo no hacer más que llorar y sólo sirve para hacer sentir mal a la otra persona. Si tuviera que encontrarse con el nuevo amor de su ex pareja, no coquetee con su ex en un intento de reafirmar su control sobre la situación. Esto es un ataque gratuito a las emociones de la nueva pareja. Usted es quien debe fijar la fecha para devolver las pertenencias; hágalo en unas dos semanas después de la ruptura. Si quiere conservar la dignidad, no le diga a sus amigos comunes que usted tomó la decisión; diga que fue una decisión mutua.

13.5. MEZCLAR PAREJA Y AMIGOS

Ni las parejas ni los amigos se deben juzgar negativamente de forma inmediata entre ellos. Se lo debe a su pareja o a sus amigos; se trata de un esfuerzo con sus seres queridos. Si no tiene nada agradable que decir, guarde silencio.

Después de tres encuentros, si usted es un amigo cercano y cree que la nueva pareja de su amigo no encaja, o si usted es la nueva pareja y duda de los actos de uno de los amigos de su pareja, es correcto decirlo. Sería mejor expresarlo, no obstante, como un modo de conocer mejor a la persona, ya que puede haber una razón para su absurdo comportamiento.

Un amigo íntimo puede criticar todos los defectos del nuevo novio o novia mientras lo haga sólo una vez y empiece una opinión del tipo: «Pero mientras a ti no te molesten estas cosas, por supuesto, está bien. Sólo me preocupo por ti», y termine con una afirmación parecida. Si su amigo quiere seguir saliendo con esa persona, está en su derecho. Dígale a su amigo que está seguro de que apreciará cada vez más a su nueva pareja con el tiempo y una mayor confianza, y piense si alguno de los defectos de la nueva pareja pueden dejarse a un lado.

Como nueva pareja, es mejor ejercer un mayor grado de precaución, incluso, antes de criticar a los amigos. Esos amigos estaban ahí mucho antes de que usted conociera a su pareja, y seguramente lo estarán cuando usted se vaya. Puede que haya razones para el extraño comportamiento de los amigos, tales como viejas costumbres que están bien para su pareja.

Los amigos deben ser amables, pero no flirtear, con la pareja de un amigo. Tampoco deben vestirse con ropa deliberadamente sugerente para atraer las miradas de admiración de la pareja de un amigo. Un atrevido modelito de lencería no es el adecuado atuendo para ver la televisión el domingo por la mañana si su compañero de piso se ha traído a alguien el sábado por la noche. La única excepción sería que la pareja fuera gay y usted fuera del sexo opuesto; pero aun así, esto puede poner colorado a alguien.

Cuando se tiene una nueva pareja, durante los primeros días de amor normalmente se habla sin parar sobre la nueva persona que hay en su vida. Esto no es justo para sus amigos solteros. Ellos le quieren y se alegran de que usted esté contento, pero no necesitan saber que a usted le encanta cómo come los cereales su nuevo amor o cómo se pone los calcetines. La mayoría de sus amigos se pondrán malos de escucharle, pero le entenderán durante el primer mes. Después de ese período de gracia, esas conversaciones se vuelven aborrecibles y le pueden hacer perder a sus amigos.

Cuanto más se apega uno a su nueva pareja, el tiempo disponible para estar con sus amigos se reduce. Organice su tiempo de modo que se asegure de incluir a su pareja y a sus amigos. Quede para ver a sus amigos y no anule la cita a favor de su pareja. Del mismo modo, si ha quedado con su pareja, no lo anule para escuchar el cotilleo de quién se acostó con quién en la última reunión de antiguos alumnos.

Una de las reglas de oro sobre los amigos es que sus secretos no deben ser contados a nadie. Eso incluye a su pareja.

Durante una ruptura, es aconsejable que los amigos estén disponibles pero que se piensen cuidadosamente el lanzarse a hablar mal del ex. Los amigos pueden estar de acuerdo con la lista de cosas horribles que saldrán de su boca sobre su ex, especialmente si tienen algún ejemplo gracioso de alguno de los agravios. Sin embargo, hasta que la ruptura no esté consolidada, la frase «Bueno, de todas formas, a mi nunca me gustó», completada con una lista adicional de difamaciones, es mejor evitarla. Si un amigo se deja llevar por el momento y luego usted vuelve con la pareja de la que se separó, recuerde que lo que dijo lo hizo por defenderle, no por atacar a su otra mitad.

Antes de irse a vivir con la ex pareja de un amigo, los que son sólo conocidos deberían esperar seis meses, los que se consideran amigos de verdad 18 meses, y los amigos íntimos lo ideal sería nunca. En cualquier circunstancia, se debe pedir permiso al amigo antes de la primera cita, y no se debe dar por sentado que le será concedido. Si el amigo no le da su bendición para salir con su ex como usted espera, considérese tener que elegir entre su amigo y la relación en ciernes.

Como regla general, en lo que respecta a los sitios, las posesiones y los amigos, cada parte de una pareja separada se lleva lo que trajo. Si, no obstante, se ha desarrollado una gran amistad a lo largo de los años, los amigos pueden seguir en contacto con la ex pareja de otro amigo. Alardear de esto, invitando por ejemplo a los dos partes de la pareja separada a las mismas fiestas o hablar de ella sin parar, es de mala educación, especialmente si los miembros de la pareja en cuestión no se hablan entre ellos.

Los amigos no tienen «rollos» de una noche ni se convierten en los «p**s colegas» de la ex pareja de un amigo. La presencia de una botella de vodka no constituye una excepción.

13.6. LA ETIQUETA DE LAS DISCUSIONES

No dé golpes bajos ni se apoye en opiniones de los demás para dar golpes bajos. Esto es entre ustedes dos, y no un debate para ver quién saca más puntos. Una vez resuelta la discusión, intente no retomarla más adelante.

14

SOBREVIVIR A OCASIONES ESPECIALES

En este capítulo aprenderá cómo debe:

- Tratar a los que han sido padres.
- Asistir a una boda.
- Apoyar a una persona de luto.
- Ayudar a celebrar un día especial.

Se han escrito muchos libros sobre la etiqueta en las bodas, despedida de soltero y fiestas, y con demasiado detalle como para tratar de cubrirlo aquí todo. En estos tiempos modernos, si es su día especial —tanto si es su boda como si está de duelo— tiene posibilidades de que el tipo de celebración que elija sea aceptada o no por los demás, tanto si es una boda pomposamente blanca con invitaciones con las letras grabadas, como si decide dar el «Sí, quiero» haciendo *puenting* sobre el Gran Cañón. Aunque sea usted considerado con los sentimientos de los demás y haga un esfuerzo por tratar a todos los miembros más cercanos de su familia con igualdad, siempre habrá alguno que proteste, o que de hecho tenga derecho a hacerlo, por lo que haya elegido. Lo que se presenta a continuación, en cambio, es una guía para el que acude al evento, que es quien puede ofender una y otra vez si no está al tanto de la correcta etiqueta.

14.1. NACIMIENTOS

14.1.1. Nacimientos tradicionales

Sólo el padre o la pareja o uno o dos amigos cercanos deberían estar presentes en la experiencia del nacimiento, aunque los amigos muy cercanos y la familia pueden visitarle en el hospital inmediatamente después del nacimiento, llevando tarjetas o regalos para hacer llegar sus felicitaciones.

Cuando la madre y el bebé vuelvan a casa tenga en cuenta que su hogar puede convertirse en un nido de caos y privación del sueño. Ofrézcase a ayudar si es posible con la limpieza de la casa, para hacer recados u otras tareas. No vaya a su casa sin avisar, incluso si normalmente suele hacerlo. Considere enviar un mensaje de texto en lugar de telefonear después de las 8 p.m. o en las horas en las que sepa que el bebé duerme. Si usted invita a los padres de un recién nacido (de menos de 6 meses) a comer o cenar, entiéndalo si declinan la invitación debido al cansancio o porque no desean dejar al bebé con una cuidadora. Si asisten, no espere que le devuelvan la invitación pronto.

En el plazo de una semana desde un nacimiento sano, usted debería recibir un email o una carta anunciando la llegada del bebé, dando detalles del peso, la medida y la hora del nacimiento y quizá una foto. Conteste con palabras de felicitación y envíe un regalo si no lo ha hecho antes.

14.1.2. Nacimientos con problemas

Si el bebé ha nacido muerto, no espere que los padres anuncien el nacimiento. Si el bebé ha nacido con alguna discapacidad, será decisión de los padres si quieren anunciar el nacimiento, dependiendo de la gravedad de la discapacidad y, si lo hacen, si desean anunciar la propia discapacidad. No presione a los padres para que hagan cualquiera de estas cosas.

Si el bebé ha nacido con una discapacidad, los padres tendrán que pasar mucho tiempo en el hospital. Si éste es el caso, ofrézcales ayuda en lo que sea posible, ayudando a mantener la casa en orden en su ausencia y haciendo los recados. Si el bebé ha nacido muerto, trate a los padres como si hubieran perdido a un hijo mayor o a otro miembro cercano de la familia (lea más abajo). Bajo ninguna circunstancia sugiera que la pérdida pueda ser menor que la de un hijo ya mayor.

14.1.3. Adopciones

Cuando se adopta a un recién nacido, la familia y los amigos deberían mostrar la misma alegría y ofrecer la misma ayuda que si se tratara de un hijo natural. Las nuevas madres de niños adoptados también necesitan ayuda, así que ofrézcasela cuando pueda.

14.1.4. Interrupciones voluntarias del embarazo, abortos espontáneos y bebés dados en adopción

Después de una interrupción del embarazo, un aborto espontáneo o dar un bebé en adopción, no hable del tema y haga todo lo que pueda para ayudar a la mujer a volver a su vida «normal» lo antes que pueda. No saque usted mismo el tema de conversación; espere a que lo haga la persona en cuestión. Si el tema surge, sepa escuchar. Si el aborto espontáneo ha sido en una fase avanzada del embarazo, los padres podrán sentir una pena comparable al nacimiento de un niño muerto; trátelos con la consideración que merece una persona que ha perdido a un ser querido (lea más abajo). Si el embarazo se ha interrumpido voluntariamente o el bebé ha sido dado en adopción, no lo juzgue. No proyecte sus propias creencias en la persona en cuestión.

14.2. MUERTES

En el caso de una muerte, habitualmente es difícil saber qué hacer o qué decir. La gente trata con el dolor de forma diferente, pero en momentos de tristeza normalmente es suficiente hacerle saber al doliente que uno está ahí para lo que necesite. Incluso si sólo conoce al doliente en vez de al difunto, envíe al menos una carta y no espere respuesta. En la carta, escriba una breve nota expresando su amistad, amor y cariño hacia el que está de luto y el difunto (si le conocía). Si tiene fuertes creencias religiosas, las cuales cree que podrían ayudar, puede manifestarlas. Si usted es más amigo que un simple conocido, llámele y ofrézcase a ayudar en cualquier forma que pueda, ayudando con el funeral, etc. Visítele si es posible y envíe flores si la familia y amigos cercanos no han especificado otra cosa. Nunca felicite a una persona cuando reciba una herencia, pues lo que ha ganado ha sido resultado de una pérdida que probablemente superará con creces cualquier beneficio económico.

Como amigo cercano del doliente, incluso si usted no conocía al difunto debería asistir al funeral como una muestra de apoyo, a menos que éste le indique lo contrario por alguna razón específica que lo haga más conveniente para él.

Recuerde que muchas ofertas iniciales de apoyo desaparecerán después del primer mes, pero el dolor no. Continúe ofreciendo su apoyo durante al menos el primer año después de una muerte, aunque sea simplemente con su frecuente presencia en la vida del doliente. Intente recordar el aniversario de la muerte así como las demás fechas importantes relacionadas con el fallecido. Apoye de forma especial esos días, por ejemplo, en los cumpleaños o aniversarios de boda. También recuerde que esos días en los que normalmente estaría implicado el fallecido (por ejemplo, Navidades o su propio cumpleaños) podrían ser especialmente difíciles, y muestre un apoyo extra en los años siguientes al fallecimiento.

14.3. DESPEDIDAS DE SOLTERO

Por muy loca que llegue a ser la fiesta, todas las despedidas de soltero deberían tener un lema en común: «Que el novio o la novia llegue a tiempo a la ceremonia». En una despedida de soltero el novio o la novia pueden hacer lo que les apetezca para pasarlo bien, teniendo en cuenta que no se trate de nada que ponga en peligro la felicidad del futuro matrimonio y que terminen la fiesta en un estado que les permita llegar a tiempo y en buenas condiciones a la boda. En particular, es importante apuntar que practicar sexo cualquier noche con otra persona que no sea su prometido o prometida se considera engañar a su pareja, por lo que no presione al novio o la novia para que lo hagan. En todo caso, es mejor celebrar la noche/fin de semana/semana de despedida de soltero al menos un mes antes de la boda, para que la otra mitad de la pareja no se quede sola lidiando con los preparativos de última hora para el gran día.

14.4. BODAS

Responda lo antes posible a una invitación de boda. La lista de invitados puede estar limitada debido al tamaño del lugar en el que se celebre, y el hecho de que usted no asista puede significar que la pareja pueda invitar a otros amigos.

Cuando se asiste a una boda no es de buena educación esperar para indicar su desacuerdo hasta la parte de la ceremonia en la que se pregunta: «Si alguien tiene algo que objetar a la celebración de este matrimonio...». Si tiene alguna objeción plantéela antes de que la novia se vista para el gran día, tranquilamente y con una buena razón en un entorno más privado.

Nunca acuda a una boda si tiene o ha tenido un lío con el novio o la novia o planea hacerlo. Tampoco flirtee con la novia o con el novio.

No lleve los regalos a la ceremonia o al banquete, ya que pueden quedarse olvidados por el alboroto del evento. Hágalos llegar antes del gran día en la residencia de la pareja. Si la pareja ha puesto lista de bodas en un sitio determinado, haga el esfuerzo por comprar algo de dicha lista. Si la pareja no tiene lista de boda asegúrese de comprar un regalo para los dos, no sólo para el miembro de la pareja con el que más relación tenga. Las bodas son caras; si usted es invitado, sea generoso con su regalo, incluso si no puede acudir.

En los preparativos de la boda, si es una de las personas con alguna función en ella (por ejemplo, si es dama de honor o le han pedido que ayude a acomodar a la gente en la iglesia, etc.) espere que le encarguen numerosas tareas. Hágalas con su mejor humor. Asimismo, sea cual sea la ropa que le hayan pedido que lleve, póngasela sin una mínima queja.

Siga las indicaciones de la invitación acerca de la vestimenta. Si la invitación no especifica nada, lleve un atuendo formal apropiado para el día o para la noche, dependiendo de la hora a la que sea el evento. Si no se menciona en ningún momento expresamente que no se eche arroz o elementos similares a la salida de los novios, considérelo bienvenido.

14.4.1. Segundas nupcias

La ceremonia normalmente es menor en estos casos, así que no se sienta ofendido si no ha sido invitado. No obstante, si ha sido invitado tenga en cuenta que cualquier mención al esposo o esposa anteriores (incluso en broma) se considera de mal gusto.

14.5. CEREMONIAS RELIGIOSAS

Se debe asistir a las ceremonias religiosas como bautizos, confirmaciones u otros ritos, cuando sea posible, sin poner objeciones aunque no se compartan las creencias de los que le han invitado. Asistir no se considerará una renuncia de sus creencias: no se le pide unirse a cantar los salmos o participar en otras partes de la ceremonia, pero su presencia será un apoyo para quien le ha invitado. Si se siente incómodo por asistir, asegúrese que al menos envía un regalo o una tarjeta de felicitación.

14.6. GRADUACIONES

Los asientos para una graduación suelen estar limitados, así que si no es usted uno de los padres o hermanos, no espere que le inviten ni tampoco recibir una explicación de por qué no ha sido invitado.

No obstante, envíe una tarjeta de felicitación al graduado y, si lo desea, un regalo. Haga el esfuerzo de asistir a la fiesta posterior, si se celebra. Se consideran adecuados los regalos que se puedan conservar como recuerdo, como un libro o un CD.

14.7. VISITAS AL HOSPITAL

Si un amigo o familiar tiene que pasar más de 24 horas en un hospital, especialmente si ha sido operado, compruebe que haya alguien acompañándolo. Si no, cuando sea posible, organice su agenda para ofrecerse voluntario a estar con él. Si esa persona debe permanecer más de 48 horas, cuando vaya de visita llévele algún regalo, como unas flores o algo para entretener al paciente, como revistas o libros.

14.8. CUMPLEAÑOS

Las celebraciones de cumpleaños son más importantes que las salidas normales nocturnas, por lo que si le invitan a una fiesta de cumpleaños reorganice otras citas que tuviera con otros amigos para poder asistir. Envíe regalos y tarjetas a tiempo del cumpleaños, no de la fiesta. Siempre llame, envíe un mensaje o un email para felicitar al que cumple años.

15

DISCAPACIDADES

En este capítulo aprenderá cómo debe:

- Referirse a los discapacitados y las discapacidades.
- Tratar a los discapacitados.
- Ayudar a las personas con discapacidad.

Las personas con discapacidad pueden hacer que los demás se sientan nerviosos, la mayor parte de las veces porque aquellos que no tienen discapacidad encuentran muy difícil sentir empatía y, de este modo, no saben instintivamente cómo les gustaría a los discapacitados ser tratados. Lo más importante a recordar, sin embargo, y sin importar cuál sea la discapacidad, es que la persona que está delante de usted es humana, capaz de alguna forma de comunicación, y merece el mismo respeto que alguien sin discapacidad. Recuerde esto y no se equivocará.

15.1. NORMAS BÁSICAS

Intente hacer lo siguiente:

- Use el mismo tipo de saludo (besar o estrechar la mano) que utilizaría con cualquier otra persona. Tienda la mano para estrecharla cuando encuentre a una persona con discapacidad, incluso si tiene limitado el uso de sus brazos. El acto del contacto personal denota aceptación.
- Mire a los ojos. Hable con la persona de algo que no sea la silla de ruedas, el cuidador o el perro lazarillo en su caso. Del

mismo modo, si la persona es sorda, háblele cara a cara y mirándole a los ojos, en vez de a su intérprete de lenguaje de signos.

- No mire fijamente a las zonas de masa muscular débil o a los miembros perdidos; es tan inapropiado como mirar fijamente al pecho de una mujer o a la entrepierna de un hombre mientras conversa con ellos.
- Hable normalmente. No grite a aquellos que leen los labios ni vocalice especialmente lento a los ciegos. No necesita disculparse por frases tales como «nos vemos luego» dichas a una persona ciega.
- Si alguien tiene dificultades para entenderle, sea paciente y esté preparado para explicar algo más de una vez de diversas maneras.
- No utilice comportamientos más apropiados para tratar con niños, por ejemplo, literal o figuradamente, dando palmaditas en la cabeza a alguien en silla de ruedas.
- Los perros guía para personas con discapacidades son perros trabajadores, no lindas mascotas. Distraerlos alimentándolos o dándoles palmaditas pone en peligro a sus propietarios. Similar trato debería darse a los cachorros que están siendo entrenados para ese cometido.
- No haga preguntas personales acerca de la discapacidad de una persona, tales como: ¿Es ciego de nacimiento?, o ¿entonces, cómo practica el sexo? Si la otra persona quiere hablar del asunto sacará de forma voluntaria el tema de conversación, y si no quiere hacerlo pues no lo hará.
- Si no está usted seguro de qué hacer o cómo afectará una situación particular a una persona con discapacidad, pregunte siempre a esa persona cuál es la acción correcta para ayudarle. Cada uno es diferente, pero cada persona está en la mejor posición para saber cómo puede ser ayudada del mejor modo. Ofrezca asistencia si piensa que es necesaria, pero espere a una respuesta positiva a su sugerencia antes de continuar. No haga suposiciones acerca de las habilidades de la persona discapacitada, pues seguramente haya desarrollado métodos de resolver muchos de los problemas de cada día.
- Si tiene usted niños, puede que se le queden mirando fijamente. Hábleles acerca de las personas con discapacidades para ayudarles a entender por qué esas personas usan sillas de rue-

das o se comunican de forma diferente. Esto ayudará a prevenir actitudes negativas o de temor hacia las personas con discapacidades.

15.2. USUARIOS DE SILLAS DE RUEDAS

- Si una conversación va más allá del simple saludo al pasar, échese hacia atrás o trate de encontrar un lugar donde sentarse de modo que los ojos de ambos se encuentren al mismo nivel, con el fin de reducir la tensión del cuello del usuario de la silla de ruedas.
- La silla de ruedas es parte del espacio personal del usuario. No ponga objetos o cualquier parte de su cuerpo sobre la silla de ruedas, no se apoye sobre ella ni la toque a menos que el usuario de la silla le indique que puede hacerlo. Nunca mueva una silla sin permiso del usuario. Pregunte siempre primero y espere una respuesta, ya que alterar su equilibrio podría ser peligroso.
- Si un usuario de silla de ruedas le visita en un edificio que usted conoce pero él no, asegúrese de que él o ella saben cómo acceder al edificio o reúnase con él a la entrada para mostrarle el camino. Si usted está organizando una reunión a la cual sabe que acudirá un usuario de silla de ruedas, escoja un sitio con acceso para discapacitados.
- Nunca dé palmadas en la espalda o en el muslo a un discapacitado, incluso como un gesto de buena voluntad o como una broma; puede tener dañada la médula espinal y podría provocarle espasmos musculares. Dé siempre un leve toquecito.

15.3. PERSONAS CON DISCAPACIDAD AUDITIVA

Averigüe tan pronto como le sea posible de qué modo le será más fácil a esa persona comunicarse con usted; por ejemplo, si la persona tiene un intérprete del lenguaje de signos o lee los labios. Utilice un lápiz y un papel para determinarlo, si no hay otro método más obvio. Si lee los labios, asegúrese de que su cara es claramente visible (que no la tapan las manos o alguna prenda), que está frente a frente con la persona y que habla lenta pero naturalmente (movimientos exagerados de los labios hacen difícil la lectura de los mismos). No fume o coma mientras alguien está tratando de leer sus labios.

Si la persona lee los labios pero no puede entender algo de lo que usted ha dicho, exprese de otra manera el comentario o cuestión de modo que con diferentes movimientos de los labios le pueda ser más fácil descifrarlos. Sea consciente de que es una habilidad que requiere una intensa concentración y puede ser fatigoso. Si hay un intérprete presente, contacte visualmente con la persona con deficiencia auditiva, no con el intérprete. No hay necesidad de levantar la voz, a menos que esté naturalmente mostrando alguna emoción.

Para atraer la atención de la persona, hágalo con un ligero toque en su hombro o hágale una seña con la mano. Si es posible, colóquese de tal modo que ninguna de esas dos cosas le cojan de sorpresa a la persona a la que se aproxima.

15.4. PERSONAS CON DISCAPACIDAD VISUAL

Cuando se encuentre con alguien visualmente impedido, preséntese como lo haría por teléfono. Presente a cualquier otro que se encuentre con usted describiendo brevemente en qué posición está respecto de la persona con deficiencia visual. Cada una de estas personas debería saludar en orden, de modo que permita a la persona impedida identificar las voces. Cuando decida irse, dígale a la persona impedida lo que está haciendo y despídase, ya que de lo contrario puede dejarle hablando solo.

Déle un apretón de manos o un beso, pero diga algo como: «démonos la mano», o «te voy a dar un beso», para indicar su intención. En vez de empujar o tirar de una persona ciega para guiarla, pregúntele si le gustaría asirse a su brazo. Cuando le esté guiando, déle avisos descriptivos de cualquier obstáculo tales como escalones o baches.

Cuando se vaya a reunir con una persona ciega fuera de su casa, indíquele un punto con el que esté familiarizado para encontrarse y hagan juntos el resto del recorrido hasta cualquier otro lugar al que deseen ir.

Cuando ofrezca un asiento, hable a la persona durante el proceso, indicándole la dirección en la que está la silla respecto de su posición o poniendo la mano de esta persona sobre el asiento libre. Cuando indique alguna dirección, hágalo de forma tan precisa como sea posible y trate de orientarle con las distancias, no sólo con los puntos de referencia. Por ejemplo, en lugar de «en la óptica gire a la izquierda y suba la escalera», diga, «en la óptica, que está como a 200 metros calle abajo, gire a la izquierda y suba la escalera, que tiene sólo dos o tres peldaños».

15.5. PERSONAS CON DIFICULTADES LINGÜÍSTICAS

Cuando esté hablando con alguien que tiene problemas de lenguaje, concéntrese en lo que está diciendo, sea paciente y nunca termine sus frases por él. Si no le entiende, no finja que lo hace. Para ayudar en el proceso, repita lo que ha entendido y deje que la persona con dificultades termine el resto. Si se encuentran en una zona de ruido, vayan a un lugar más tranquilo. Haga preguntas que requieran respuestas cortas si nota que la otra persona está incómoda hablando.

No haga suposiciones sobre lo que oye la otra persona. Algunas personas con dificultades para hablar pueden oír perfectamente; otras no. Espere a que la persona discapacitada le indique si tiene problemas de audición antes de preguntarle si puede leer los labios o requiere un intérprete.

15.6. OTRAS DISCAPACIDADES

Las discapacidades son variadas y a menudo es difícil establecer qué se debe hacer exactamente para que una persona se sienta cómoda. Puede ser también difícil pedir a un deficiente mental una explicación. Algunos pueden no ser conscientes de ciertos límites sociales como el espacio personal, a otros puede no gustarle el contacto físico y algunos otros pueden parecer distantes. Corrija sus intrusiones en su espacio personal y pregunte antes de tocar, incluso de estrechar las manos. No se ofenda ni se sienta violento por cualquier cosa que suceda fuera de lo «normal» como resultado de una discapacidad.

Sea claro en su comunicación. En caso de duda, utilice palabras de forma literal y simple. Nunca cometa el error de confundir la inteligencia con las dificultades de comunicación.

15.7. CUIDE SU LENGUAJE

Cuando se refiera a personas con alguna minusvalía, el término correcto es persona discapacitada o persona con discapacidad.

Referirse a ellos como «el» discapacitado, minusválido, disminuido, inválido o lisiado puede resultar ofensivo para la persona discapacitada.

A continuación se indican algunas frases que hay que evitar incluir en nuestro lenguaje, y cómo podemos decir lo mismo de una forma segura, sin ofender a nadie.

Arriesgadas	Seguras
Confinado a una silla de ruedas.	Usuario de silla de ruedas (confinado implica restricción más que libertad).
Deficiencia intelectual. Retraso mental.	Dificultades de aprendizaje.
El sordo.	Persona sorda o con deficiencia auditiva.
El ciego.	Persona ciega o con deficiencia visual.
Servicios para discapacitados.	Servicios accesibles o adaptados.
Cuidador.	Asistente personal.
El discapacitado, disminuido, inválido o lisiado.	Persona discapacitada o persona con una discapacidad.
Sufre de... Lucha contra...	Vive con... Tiene...
Para sillas de ruedas.	Para usuarios de sillas de ruedas.

16

GUÍA SOBRE LA HOMOSEXUALIDAD PARA HETEROSEXUALES

En este capítulo aprenderá cómo debe:

- Referirse a los homosexuales.
- Reaccionar ante una salida del armario.
- Reconocer situaciones difíciles, ocasiones o temas de conversación incómodos para homosexuales o heterosexuales.
- Cómo actuar en bodas y divorcios gays.

16.1. IDEAS BÁSICAS

A pesar de que los homosexuales o los transexuales utilizan todo tipo de palabras para describirse a ellos mismos, los siguientes términos no deberían ser usados por los heterosexuales: marica, sarasa, tortillera, marimacho, afeminado, homo, loca o reina. Tampoco se pueden utilizar frases como «ser de la otra acera» o cualquier otro eufemismo.

Debe ceñirse estrictamente a los siguientes términos: gay (tanto para hombre como para mujer), lesbiana, transexual u homosexual. Si está con una pareja homosexual, refiérase a ellos utilizando los términos que usa la propia pareja para referirse el uno al otro (compañero, pareja, esposo, novio, novia, amante). Todos estos términos tienen sus connotaciones positivas y negativas, así que trate de esperar a ver qué prefiere la pareja. Aunque suene un poco a trabajo, «compañero» es la apuesta más segura en caso de duda.

16.2. SALIR DEL ARMARIO

16.2.1. Homosexualidad

Cuando una persona le anuncie que es gay, su reacción ante esa situación le puede hacer perder o ganar un amigo, así que es importante hacerlo bien. Aquí tiene unas cuantas sugerencias para recibir el anuncio con elegancia:

- No saque usted mismo a nadie del armario. Aunque sea evidente, si aún no ha decidido su orientación sexual o si no lo ha hecho público, usted tampoco debe hacerlo. No fuerce a nadie a salir del armario, especialmente si la profesión de su posible amigo homosexual hace que esa salida sea especialmente difícil (por ejemplo, militar, profesor o miembro del clero).
- No lo cuestione. Las palabras «¿Estás seguro?» no deben salir de su boca. Por supuesto que está seguro.
- No haga preguntas difíciles inmediatamente, como las relativas a la religión, sus perspectivas de tener hijos o si se lo ha dicho a su familia.
- Finja una cierta sorpresa, incluso aunque su homosexualidad sea evidente. Trate de controlar sus emociones, sin mostrar ni una falta total de sorpresa ni un shock excesivo. No quite importancia al anuncio ni lo haga parecer un descubrimiento sorprendente.
- No sea arrogante y asuma que la razón por la que se lo ha dicho es porque usted es digno de su afecto y confianza.
- No relacione homosexualidad con cambio de sexo. Son dos cosas diferentes.
- Asegúrese de que, en algún momento después de que su amigo le haya dado la noticia, mantiene algún tipo de contacto físico con él (o ella), para que su amigo sepa que no le considera repulsivo. Si normalmente suele abrazar a ese amigo, hágalo ahora. No se retire de él en el momento en el que se lo diga. Evite cualquier signo de repulsión o vergüenza, tanto verbal como no verbal.
- Haga un esfuerzo extra por mantener contacto regular con ese amigo durante los primeros meses después de su noticia, para que él sepa que no estaba fingiendo normalidad.

- Si un amigo muy cercano o un familiar le dice que es gay es porque quiere tenerle cerca. Incluso aunque al principio se sienta un poco raro, no se lo diga. Apóyele y espere a que se le pase esa sensación.
- Si es usted su hermano, por su edad será más probable que acepte la noticia mejor que sus padres. Sea el apoyo de su hermano gay frente a sus padres. Éste no es el momento de robarle la corona del hijo favorito. Si tiene pareja, los padres, hermanos y amigos cercanos deberían manifestar su interés por conocerle.
- Si es usted su ex, lo que puede preguntarle depende de su relación actual con esa persona. Si tiene suficiente relación como para hacer preguntas, hágalo con curiosidad, no con ira. No pregunte si usted «lo» ha causado. La homosexualidad no es una desgracia o una enfermedad situacional.
- Si su pareja le dice que es gay, significa el fin de su relación. No es una elaborada excusa para romper con usted. Por supuesto que se disgustará, pero trate de no perder los nervios; la persona que acaba de salir del armario no pretende hacerle daño, y probablemente usted le importa mucho si se ha molestado en decirle la razón verdadera.

16.2.2. Bisexualidad

Si alguien le dice que es bisexual, todas las reglas anteriores se aplican en este caso también, pero además se deben añadir dos puntos:

- No haga comentarios deduciendo que el que es bisexual es porque no se decide o porque es más promiscuo que un gay o un hetero.
- Si su pareja le dice que es bisexual, no dé por sentado que esto significa que está rompiendo con usted. Seguramente le ha costado mucho decírselo, así que déjele explicar qué significa esto para su relación antes de sacar conclusiones.

16.3. ¿A QUIÉN PUEDE CONTÁRSELO?

Una vez que un amigo le confíe que es gay, tiene que tener cuidado a la hora de propagar la noticia. Las reglas para esto dependerán de a quién se lo esté contando la propia persona gay.

Sea precavido: es mejor hacerse el tonto que propagar una noticia (a veces confidencial) como ésta. Piense en la manera en que se lo ha contado a usted. Si ha sido un amigo íntimo que lo ha hecho nervioso y tímidamente, probablemente será un secreto que usted debería guardar más que sus propios secretos más íntimos; si lo ha hecho un conocido que se lo está contando abiertamente a todo el que le escuche, se requerirá menos cuidado. Sin embargo, tenga especial cuidado cuando estén alrededor los padres o los jefes. Aunque su amigo sea muy liberal, no cometa el error de asumir que se lo ha dicho a estas personas. Pregunte siempre primero a su amigo.

Si ha ocurrido de forma accidental, por ejemplo, porque ha descubierto usted a su amigo, discúlpese brevemente pero quede con él tan pronto como sea posible después de lo ocurrido para asegurarle de que guardará el secreto. No vuelva a sacar el tema.

No hable de la homosexualidad de un amigo en alto y en público. Puede que no quiera atraer la atención sobre sus preferencias sexuales ante los desconocidos que pululen por allí y que puedan conocer a sus padres, jefes, etc.

16.4. TEMAS DE CONVERSACIÓN INAPROPIADOS

No presuma de los «privilegios» de los heterosexuales. No hable sin parar de sus hijos, de su boda o de sus grandes y felices reuniones familiares si sabe que la persona gay con la que está hablando tiene problemas para que su familia acepte su modo de vida. No debería preguntar a parejas heterosexuales sobre sus planes de casarse o tener hijos, pero esto es todavía más importante en lo que se refiere a parejas gays, ya que las complicaciones y la logística pueden ser mucho más difíciles de superar.

No discuta temas sobre la homosexualidad con su amigo gay en público. No es la obligación de su amigo ser el portavoz de los de su «tipo», y para él la conversación puede parecer más una defensa de su modo de vida que un simple debate. Si él quiere hablar de ello, bien, pero no saque usted el tema, y si es otro heterosexual el que empieza la conversación, haría usted bien en cambiar de asunto. Su amigo gay no es su guía turístico al maravilloso mundo de la homosexualidad.

Si un hetero hace comentarios homofóbicos, intente pararle antes de que lo haga la persona gay presente. Debería ser el deber de todos corregir las ideas homófobas.

16.5. BODAS HETEROSEXUALES Y NACIMIENTOS

Tenga en cuenta que cuando tenga una boda o una despedida de soltero o soltera o un bautizo, algunas personas gays pueden sentirse mal por tener que asistir, planear o ayudar en estos eventos, ya que los homosexuales todavía no son aceptados completamente como iguales. Para algunos gays, ser invitado a asistir y tener que hacer un regalo es pedirles que acepten que esta situación de desigualdad es justa. Aunque el matrimonio homosexual es legal en algunos países, por ejemplo en España, muchos padres todavía felicitan con la boca pequeña a los recién casados; una boda por la Iglesia les recuerda que «Dios» no bendice su forma de vida; una despedida de soltero o de soltera puede incluir un *stripper* del sexo contrario, lo que puede poner a su amigo gay en una situación violenta; y los bautizos les pueden recordar que, incluso si tienen pareja, sólo uno de los dos podrá dar sus genes a su hijo.

Utilice la discreción cuando invite a un homosexual a uno de estos eventos. Por supuesto, algunos otros gays no encontrarán ofensivo ninguno de lo expuesto anteriormente y no querrían por nada del mundo perderse ese día tan especial para usted. Invítelos, pero deje claro (sin declarar que se hace cargo de la situación) que no se ofenderá si decide no asistir.

Si su amigo gay tiene pareja, invítele. Esto ayudará a su amigo a recordar la razón por la que eligió un modo de vida más difícil. Por encima de todo, no fuerce a su amigo homosexual a comportarse como si fuera heterosexual por un día. Asimismo, piense bien cómo organizar las mesas. No cometa la imprudencia de sentar a su amigo gay con los que sabe que son homófobos.

16.6. MATRIMONIOS GAYS

Ofrezca la misma consideración a una pareja gay que va a casarse que la que le daría a una pareja heterosexual. Peque de formal, si es necesario, y no introduzca la ironía el día de la boda, si no es el tono que se espera en el acto.

Si una pareja gay está casada o convive, trátela exactamente igual que a una pareja heterosexual, invitándolos como pareja a todos los eventos, por ejemplo.

16.7. DIVORCIOS

Si su amigo gay se casa y se divorcia, déle la misma consideración que le daría a un matrimonio heterosexual pasando por la misma difícil situación. Tenga en cuenta que se debe considerar «divorcio» también a las parejas gays que simplemente viven juntas sin celebrar el matrimonio, ya que muchas parejas homosexuales encuentran que no tiene sentido la ceremonia sin la bendición de sus padres o de la Iglesia, por ejemplo. Si la pareja tiene hijos, nacidos biológicamente de uno de ellos, tenga en cuenta el estrés añadido que esto puede provocar si el otro no tiene derechos legales sobre los niños.

17

LA ETIQUETA EN EL DEPORTE

En este capítulo aprenderá cómo debe:

- Jugar apropiadamente con otros.
- Utilizar el gimnasio.
- Usar el vestuario.

17.1. NORMAS GENERALES DE ETIQUETA EN EL DEPORTE

Reglas generales a tener en cuenta:

- ✐ A nadie le gusta un ganador presumido, ni un perdedor enfadado. Sea cual sea el resultado, estreche la mano de su oponente.
- ✐ No apueste en contra de sus amigos. Si es sorprendido haciéndolo, explíqueles que es solamente porque estará tan disgustado si pierden, que necesitará tener algo con que animarse.
- ✐ Siga las reglas del juego. Hágase con una copia del reglamento para evitar discusiones. Si sabe que hay dos versiones de una regla, antes de comenzar a jugar determine qué versión van a seguir. Si es posible, convoquen a un árbitro para las situaciones difíciles.
- ✐ Juegue limpio. No sea tramposo.
- ✐ Nunca dé por sentado que puede aprender por sí mismo un deporte notoriamente peligroso o un deporte en el cual la incompetencia podría poner en riesgo su salud o la de otros. Tome lecciones si las necesita, y hasta que no sea completamente competente apártese del camino de los expertos.

- Si una zona es utilizada normalmente por un grupo en particular y no hay un sistema de reservas formal o informal, averigüe cuándo utiliza el área ese grupo. Si llegan los dos al mismo tiempo, los habituales tendrán prioridad.
- No permanezca en lugares peligrosos o inconvenientes. Sálgase del terreno de juego.
- Para deportistas que van por libre, por ejemplo esquiadores o practicantes del «*snowboard*», es especialmente importante ofrecer su ayuda si ve que alguien está herido o requiere auxilio. (Por ejemplo, los esquiadores pueden ayudar a los del «*snowboard*» en las zonas más estrechas.)
- Llegue a la zona deportiva a tiempo y listo para participar. No se vista o se equipe en la zona de juego. Hágalo fuera de las líneas o en los vestuarios.
- Sea cuidadoso con el equipamiento de los demás, incluso si se encuentra en medio de su camino. Asegúrese de no dejar su propio equipo en un lugar inconveniente para otros y de transportarlo de modo seguro.
- Nunca lastime deliberadamente a alguien mientras hace deporte, ni siquiera en broma. No obstante, si accidentalmente lesiona a alguien discúlpese y compruebe que está bien, procurándole cualquier ayuda que necesite.
- No avance nunca a un nivel que sepa que está fuera de su alcance, si ello puede ponerle a usted o a otros en peligro.

17.2. LA ETIQUETA EN EL GIMNASIO

Ir al gimnasio es una experiencia engorrosa y puede conllevar casi tanto contacto con los fluidos corporales de otras personas como en..., bueno, ya saben, en un escenario mucho más íntimo. Pudiendo variar en cantidad, con la invasión del espacio personal y el estado de la higiene en su momento menos aromático, a veces salta el genio ante la más ligera descortesía. En contra de lo que se pueda pensar, como pudiera parecer en un lugar donde gruñir, sudar profusamente y poner gestos extraños es la norma, las reglas de etiqueta para el gimnasio son tan estrictas como en la ópera o el ballet (y para la mayoría, aún más necesarias). Trate de seguir lo que se expone a continuación:

- Limpie las máquinas después de usarlas. Si los demás quieren nadar usarán la piscina, no el banco de abdominales.

- Si tiene que tener el móvil en el gimnasio, manténgalo en modo de silencio para evitar molestar a otros. No mantenga conversaciones largas o en voz alta mientras está en la máquina. No se trata de un ejercicio multitarea; se trata de ponerse en buena forma física.
- Recoja las pesas después de usarlas. No todo el mundo tiene la misma fuerza, por lo que es más seguro para los demás no tener que mover sus pesas.
- Comparta su equipo. Durante sus descansos, ofrezca su máquina a quien esté esperando para usarla.
- Puede que acabe sucio, pero usted y su ropa deberían empezar limpios.
- La fuente para beber está destinada para el consumo de agua, no es un depósito de chicles. Cuando haya cola, no llene botellas grandes.
- No deje caer ni golpee violentamente los aparatos. No es bueno para los aparatos y distrae a los que están a su alrededor.
- Charle más tarde. Si ve a un viejo amigo, no monopolice una máquina mientras habla de su matrimonio/niños/trabajo, y no permanezca al lado de la máquina de su amigo forzándole a mantener una conversación mientras éste lucha por respirar. En su lugar, queden en otro sitio más tarde.
- A menudo las máquinas tienen recomendaciones de límite de tiempo, y éstas deben cumplirse para evitar monopolizar los equipos.
- No ofrezca consejos no solicitados. Si alguien está haciendo algo potencialmente peligroso, llame a un empleado del gimnasio. Él tiene la autoridad para acercarse a la persona y corregirle.
- No haga levantamientos más allá de su límite de pesas.
- No se cruce por delante de alguien que esté usando el espejo. Del mismo modo, no se sitúe lejos de él y espere que nadie vaya a pasar por delante.
- No se quede mirando fijamente o aborde a nadie. Hable con ellos en la recepción si es necesario. A nadie le gusta que le miren con deseo mientras lucha por respirar con el esfuerzo del ejercicio.
- Use vestuario y ropa interior que ayude y sea adecuada para trabajar. Aquellas prendas que le lleven a exponer más de lo que le gustaría en un club nocturno no son adecuadas. Cíñase

a las reglas de la casa en el tipo de suela (de zapatos) permitida, ya que algunas dañan el piso. Espere que la gente le mire si usa un conjunto de lycra muy ceñido, o cualquier otra prenda en la misma línea.

17.3. LA ETIQUETA EN EL VESTUARIO

Intente seguir estas pautas:

- Trate el vestuario como si fuera una versión más cuidada de su propio cuarto de baño. No lo deje sucio ni desordenado y utilice un máximo de dos toallas.
- Use los cubículos para cambiarse, si están disponibles. A nadie le gusta ver sus bamboleantes partes íntimas si se puede remediar.
- Si se tropieza con un amigo o colega del trabajo cuando ambos están eligiendo taquilla, pregúntele si prefiere coger las taquillas adyacentes u otras más apartadas entre sí. Si su amigo ya ha escogido una taquilla, a no ser que él se mueva hacia una taquilla cercana a usted, escoja una más alejada, preferiblemente fuera de la vista de su amigo. Si utiliza el mismo gimnasio que su jefe, busque una excusa para elegir una taquilla lejos de él, incluso si esta excusa es simplemente la «rutina».
- No se quede mirando fijamente. En los vestuarios, normalmente se exhiben extrañas partes del cuerpo mientras se utiliza la toalla. Ignore cualquier cosa que parezca fuera de lo habitual, por más morbosamente fascinante que pueda ser.
- Use la toalla para secarse. No la agite triunfalmente después de usarla o empiece una lucha de toallas con sus amigos.
- Haga cualquier clase de intento conocido de ligar estrictamente fuera del vestuario.
- Si las duchas son limitadas o hay cola para usarlas, no es el momento de aplicarse un tratamiento de belleza intensivo, una exfoliación o una mascarilla facial. Entre, dúchese y salga.
- Nunca orine en una ducha pública.
- Nunca haga fotos en un vestuario.

18

MISCELÁNEA

En este capítulo aprenderá cómo debe:

- Dejar propinas.
- Escuchar un MP3.
- Adaptar su discurso y lenguaje corporal.
- Beber en un bar.
- Comportarse ante los exámenes.
- Decir y recibir cumplidos.
- Comportarse con el sexo opuesto.

18.1. PROPINAS

En un restaurante, si considera que el servicio ha sido aceptable, deje una propina que considere apropiada. Si en la cuenta está indicado que el servicio está incluido, no hay necesidad de dejarla. Si considera que el servicio ha sido malo y el personal no ha sido correcto, puede no dejar propina; en cambio, si el trato ha sido excepcional, aunque indique en la cuenta que el servicio está incluido, puede usted dejar algo más de propina si lo desea.

En la peluquería o salón de estética también es correcto dejar propina. Si es usted habitual de un establecimiento, también puede hacerlo una vez al año, en forma de regalo de Navidad, por ejemplo, dependiendo de la regularidad con la que lo frecuente. Esta idea solventa el problema de que los peluqueros o esteticistas crean que les da propina según lo satisfecho que haya quedado con el tratamiento recibido si una semana olvida dejarles unas monedas.

Asimismo, en los taxis también es de buena educación dejar propina, acorde con la tarifa que le hayan cobrado. Si además el taxista le ayuda con las maletas, deje algo más.

18.2. UTILIZAR LOS LAVABOS FUERA DE CASA

18.2.1. Hombres

Cuando entre en un servicio público, si no hay nadie en la sala utilice el urinario del final de la fila o el más alejado de la puerta. Si usted es el segundo en entrar, elija el último urinario del otro lado de la fila, el más alejado de la primera persona. La tercera persona, si hay cinco o más urinarios, debería utilizar el del medio de la fila, en el punto más alejado de los dos hombres anteriores. Si los urinarios están ocupados de tal forma que sólo quedan disponibles junto a otra persona, utilice la cabina o plantéese irse y volver más tarde. Si la cola es larga, no hay cabinas libres y tiene una gran necesidad, utilice el urinario que esté disponible, pero la mirada debe dirigirse siempre al frente.

Si orina en una cabina o servicio cerrado, levante el asiento y vuélvalo a bajar al terminar. Esta regla es especialmente importante cuando se utilizan servicios unisex o cuando utilizamos el baño de otra persona.

18.2.2. Mujeres

Ciertamente, vaya al baño con amigas, pero no hablen de cubículo a cubículo mientras lo estén utilizando. A las demás personas que están en el servicio no les interesa su conversación. Eche siempre las compresas en el contenedor disponible para ello.

18.2.3. Hombres y mujeres

Dejen el servicio en las condiciones en las que lo encontraron. Por ejemplo, no dejen trozos de papel higiénico por el suelo. Lávense siempre las manos a conciencia con jabón después de utilizar el servicio.

18.3. LA ETIQUETA DEL MP3

Aunque muchos utilizan los dispositivos de música personales y los MP3 para olvidarse del mundo que les rodea, el mundo de hecho no desaparece de forma mágica cuando se ponen los auriculares. La manera en la que se utiliza el MP3 es un signo de respeto hacia los que le rodean, su forma de mostrar a quién está anteponiendo, si a los demás o a usted.

18.3.1. Auriculares

Cuando esté usando los auriculares, quitarse uno, los dos o ninguno dice mucho de su respeto hacia la persona con la que está teniendo contacto.

Si una persona de edad similar a la suya o más joven simplemente dice «Hola» o «¿Qué tal?», y claramente ninguno de los dos tiene intención de entablar una conversación, quítese un auricular y devuélvale el «hola». En cambio, si la otra persona es una persona con autoridad o es mayor que usted, quítese los dos auriculares. También se debe quitar un auricular cuando vaya a pagar en una tienda o cafetería. Mantener puestos los dos da a entender a la otra persona que no existe para usted.

Si alguien intenta hablar con usted durante más de 15 segundos, quítese ambos auriculares. Si la persona se une a usted en lo que quiera que estuviera haciendo usted solo, debe guardar el MP3 de la forma en la que lo haría como si no fuera a utilizarlo de nuevo en la hora siguiente. Este también es el caso aunque la actividad excluya cualquier conversación trascendente (por ejemplo, estar juntos en el transporte público lleno de gente).

Si quiere ser un modelo de etiqueta del iPod, lleve siempre sólo un auricular cuando esté en público, para estar pendiente de lo que ocurre a su alrededor.

18.3.2. Otras normas sobre el MP3

En el trabajo, si no tiene despacho propio el MP3 sólo debe usarse en los momentos en los que no espera contacto verbal con nadie. Sin embargo, los compañeros que utilicen los MP3 siempre pueden ser interrumpidos, debiendo quitarse en ese momento los dos auriculares.

Cuando esté hablando con otra persona, si está todavía escuchando su MP3, no mueva la cabeza o baile al ritmo de la música, especialmente si le están diciendo algo serio. Si está con otras personas, no empiece a escuchar el MP3 a no ser que la otra persona también tenga uno y lo sugiera.

Antes de decidir el volumen de su dispositivo, sujete un auricular y retíreselo unos 60 cm. Si todavía lo oye, bájelo. No grite por encima de la música que está oyendo. Si sospecha que puede estar haciéndolo, quítese ambos auriculares.

18.4. LA ETIQUETA DE LOS FESTIVALES O CONCIERTOS

Consejos generales:

- No haga pis en ningún sitio donde luego vaya a ponerse gente.
- No se salte la cola del baño. Cuando llegue al principio de la fila, vaya desabrochándose el cinturón para reducir el tiempo que pasará dentro.
- Después de usar el servicio, lávese las manos con una botella de agua o líquido antibacterias, si lo hay disponible.
- Cuando llegue a usted alguien que se ha lanzado desde el escenario, sujétele de un brazo o de una pierna para ayudarle.
- Salte y baile con el resto del público o sálgase de la multitud. No empuje.

18.5. ETIQUETA EN LA BIBLIOTECA

Consejos generales:

- Lo primero y más importante es recordar que la biblioteca es un sitio para trabajar. Piense en ella como en un lugar de culto religioso al libro y trátela de acuerdo con ello. Si no tiene intención de trabajar o leer, váyase para dejar sitio.
- Una biblioteca no es ni un bar ni una habitación. Estar de charla con su ligue probablemente molestará a los de alrededor, que quizá estén a punto de un ataque de nervios por la fecha de entrega de su ensayo, y cualquier muestra de afecto entre una pareja será irritante para los demás usuarios. Déjelo para las pausas.

- Apague el sonido del móvil, incluso la función de vibración. El zumbido de la vibración es tan molesto como el clip de diez segundos de Avril Lavigne que acaba de apagar.
- Devuelva los libros solicitados tan pronto como termine con ellos, y antes de la fecha de devolución, si es posible. Bajo ninguna circunstancia se quede los libros más tiempo de la fecha límite.
- Las bibliotecas son lugares de silencio. Aunque esté relacionado con el trabajo, no susurre con otras personas o por teléfono; incluso en ese tono, molestará.
- En la mayoría de las bibliotecas no se permite comer, pero si encuentra una en la que raramente lo permitan, sea considerado con los hábitos de comida. No coma nada que huela mucho, o que tenga un envoltorio que haga mucho ruido, y cuando termine tire todo a la basura.

18.6. MUJERES EMBARAZADAS

Por muy rotunda que sea la barriga de una mujer, nunca le pregunte si está embarazada o haga comentarios que lo insinúen. O bien ella le informará voluntariamente o se enterará por sus amigos. Si no puede validar el embarazo por ninguno de esos métodos, entonces es que todavía no se ha hecho público o es que no está embarazada. No obstante, si sospecha que una mujer está embarazada puede ofrecerle su asiento o tener otro tipo de cortesías con ella, pero sin decirle por qué lo hace.

Cuando esté con una mujer que sabe con seguridad que está embarazada, tenga en cuenta lo siguiente:

- La mujer todavía necesita su espacio personal, así que no le toque la tripa sin permiso.
- Las mujeres embarazadas se cansan mucho. Sea comprensivo y no discuta si le expresa que prefiere no caminar distancias largas o tomar parte en actividades agotadoras.
- Una mujer embarazada no es una discapacitada. Si le pide ayuda o parece que la necesita, ayúdela, pero no la trate como si fuera incapaz de hacer nada por sí misma, especialmente si está de pocas semanas.
- No le comente nunca que está comiendo mucho, a no ser que sea su médico.

- Cuando hable con una mujer embarazada, háblele a ella, no al «bombo».
- No le comente o se queje a una mujer embarazada sobre sus cambios de humor. Es un desequilibrio hormonal que pasará.

18.7. DECIR PALABROTAS

Decir palabrotas se ha convertido en algo tan común en la vida moderna que la mayoría de las personas lo consideran una forma de expresión más que un ofensivo ataque a los frágiles oídos. Sin embargo, todavía hay mucha gente que se opone totalmente a usar ciertas palabras malsonantes.

Si usted pertenece al primer grupo, cuando conozca a nuevas personas absténgase de soltar tacos hasta que haya observado lo que hacen ellas. No dude en unirse con tantas groserías como desee, sin miedo, si ve que el grupo hace lo mismo, pero es aconsejable esperar hasta estar seguro.

Si usted pertenece al segundo grupo y se encuentra en una situación en la que le sangran los oídos debido al ataque verbal que están sufriendo, recuerde que es de mala educación hacer sentirse incómodo al recién llegado. Sus oídos sangrantes no serán nada en comparación con la vergüenza que pasaría esta persona si se le señala en público que su modo normal de hablar es ofensivo. Si las palabrotas no están siendo dichas claramente con niños alrededor o deliberadamente para causar conmoción o escándalo, absténgase de alertar a la persona de la ofensa en público. En vez de eso, llévese a la persona a un lado y explíquele tranquilamente que «los otros» pueden considerar su lenguaje un poco difícil de soportar, refiriéndose a su edad, por ejemplo, como factor atenuante.

En caso de duda o en público, no utilice palabrotas. No habrá nadie que piense mal de usted si no lo hace, y muchos que se ofenderán si lo hace. Además, si se presenta una situación que requiera el uso de un lenguaje fuerte, causará mucho más impacto viniendo de sus habitualmente cristalinos labios. Cuídese especialmente de no decir tacos en presencia de personas de autoridad, personas mayores o niños.

18.8. LENGUAJE

Utilice generosamente las palabras «por favor», «gracias» y «perdón», así como «buenos días», «buenas tardes» y «buenas noches».

18.9. EN EL BAR

La mayoría de los encuentros entre adultos tienden a incluir bebidas alcohólicas de algún tipo, ya sea unas cervezas en el parque, un vaso de vino durante una cena o unas copas en el bar. El problema es que, a menudo, después de la primera botella de cerveza se tiran por la borda todas las normas de etiqueta. Sin embargo, si se practican de forma continuada en ocasiones menos libertinas, se convierte en un hábito mantener las formas bebiendo, incluso en las ocasiones en las que le cueste andar en línea recta.

Aquí tiene algunas pautas generales:

- Pague siempre una ronda. Si no se lo puede permitir, entonces no se puede permitir estar allí. Pagar una ronda no es solamente una cuestión de aflojarse la cartera, también es una cuestión de esfuerzo. El que paga la ronda tiene que pelearse con la cola de la barra y hacer de camarero.
- Si el que paga la ronda está claramente sufriendo con su tarea, es de buena educación que otra persona se ofrezca a ayudarle a traer las bebidas de la barra.
- En el barullo de la barra, a menudo es fácil olvidar que hay una cola. A nadie le gustan los que se saltan las colas, incluso cuando no hay ni siquiera una fila verdadera. Si usted es un maestro en el arte de atraer la atención del camarero, pero no es su turno, señale a la persona que está a su lado que lleva esperando más tiempo e insista en que le sirvan primero. El camarero le servirá a usted a continuación (no es necesario dejar pasar a las 20 personas que estaban allí antes que usted, no consiste en ser un mártir), y los dos minutos de más que le ha llevado le harán conservar su honor en el bar.
- No grite, silbe o gesticule de forma exagerada al camarero para que le sirva. Los gestos para llamar la atención se deben limitar a levantar la mano, no más alto de la altura de los hombros, el contacto visual y quizá levantar las cejas. Puede sujetar el dinero en la mano de forma visible para los camareros, pero no lo agite: está usted en un bar, no en un club de *striptease*.
- Está bien hablar con extraños en un bar. De hecho, es uno de los únicos sitios donde esto es socialmente aceptable. Sáquele partido.

- Sólo pida champán o cava si tiene algo que celebrar, aunque sea algo no muy importante, pero pedir una botella de cava a gritos sin ninguna razón es una bofetada de mal gusto.
- No obligue a nadie a beber alcohol ni ponga a nadie en la situación de que la presión del grupo le fuerce a beber. Recuerde que es decisión de cada uno hasta qué punto de embriaguez llegar, e invitar a alguien a un vodka cuando ha pedido sólo un refresco es un gesto generoso pero muchas veces molesto, por no mencionar el peligro que conlleva.
- Vigile a los que tienen que conducir. Si al que le que le toca conducir ha bebido demasiado, hable con él tranquilamente sobre otras alternativas de transporte para irse a casa o dígale que empiece a beber refrescos. Si se pone insistente en que puede conducir en su estado, advierta de la situación a los que van a ir con él en el coche. Encuentre otra forma de volver a casa y ayude a hacerlo a los que no conozcan la zona. Insista al conductor en que utilice otra forma de transporte. Confísquele la llave del coche si es necesario. Por muy enfadado que se ponga en ese momento, es mejor hacer esto que tentar a la suerte con un peligroso viaje de vuelta a casa.
- Actualmente, es aceptable beber en cualquier momento del día después de mediodía. Si lo hace antes de esa hora se arriesga a que le miren como a un alcohólico o a un estudiante. Irónicamente, no beber nada de alcohol hace que le vean como a un ex alcohólico en rehabilitación, pero, si es su elección, no ceda ante la presión del grupo.

18.10. PUNTUALIDAD

Sea puntual. No asuma que el tiempo de los demás es menos importante que el suyo. Si va a llegar tarde, avise a los demás tan pronto como le sea posible.

18.11. ABRIR LA PUERTA

El primero que llega a la puerta es el que la abre, sea hombre o mujer, y deja a la otra persona pasar primero.

18.12. ESTORNUDAR

Si le entran ganas de estornudar en un mal momento, por ejemplo durante los votos en la ceremonia de su boda, frote la lengua contra el paladar para retener el estornudo hasta un momento más apropiado.

Estornude en silencio. Lleve pañuelos de papel o de tela para esta eventualidad, pero si no llega a tiempo estornude en el interior del codo en vez de en las manos para no rociar a los demás. Si estornuda en las manos, láveselas lo antes posible.

18.13. LENGUAJE CORPORAL

Sea consciente de que su lenguaje corporal puede revelar sentimientos que alguien bien educado no expresaría nunca. Se han escrito numerosos libros sobre el tema del lenguaje corporal o la comunicación no verbal, pero, para empezar, practique lo siguiente:

- Procure no invadir el espacio personal de los demás. No se deje caer en un sofá en el que haya alguien más sentado. Si alguien da un paso atrás para retirarse de usted, no dé usted automáticamente un paso hacia delante.
- Cuando intente ser cercano y acogedor, no cruce los brazos.
- No frunza el ceño cuando alguien le pida un favor o le mande una tarea que le disguste.

18.14. SUGERENCIAS DE ETIQUETA ESPECÍFICAS PARA ÉL Y ELLA

18.14.1. Él

- Camine por la acera en el lado del tráfico para proteger a la mujer de las salpicaduras o de virajes bruscos de los coches.
- Nunca le hable a los pechos de una mujer. Mírele a los ojos.
- Acompañe a las mujeres hasta la puerta del hotel o a casa si no se sienten seguras, especialmente por la noche.
- Separe la silla a las damas al sentarse a la mesa.

- No considere que las mujeres son intelectualmente inferiores o incompetentes en la vida diaria. La ayuda de los hombres es agradable, pero no una necesidad.
- No cuente chistes sexistas, sobre todo a las mujeres.
- Ábrale siempre la puerta del coche a una mujer antes de entrar usted mismo.
- Si la dama lleva tacones y tienen que aparcar lejos del sitio al que se dirigen, ofrézcale dejarle en el lugar primero y vaya luego a aparcar el coche solo.

18.14.2. Ella

- Si un hombre le hace un favor, no lo considere un ataque a su independencia.
- No juegue a hacerse la vulnerable: si no se siente segura, dígalo, pero no haga que otros hombres y mujeres tengan que hacer un esfuerzo adicional si puede sobrevivir sola. Por ejemplo, no haga a un hombre que le acompañe hasta la puerta de su casa andando si vive lejos; cójase un taxi.
- Si un hombre le abre la puerta del coche, métase e inclínese para abrirle a él desde dentro, especialmente si está lloviendo.

18.15. ETIQUETA EN LOS EXÁMENES

Antes del examen, las reglas de etiqueta requieren que no se admita haber estudiado mucho. Finja no ir muy bien preparado, pues ello ayudará a los demás a calmar sus nervios. Si es obvio que usted ha estado hincando los codos durante semanas, utilice alguna excusa o algún comentario negativo sobre sus hábitos de estudio que le ponga al nivel de los que se han preparado menos. Frases como: «Sí, pero siempre se me ha dado fatal esta asignatura» o «Me paso horas sentado delante de los libros, pero lo único que hago es comer galletas» funcionan de maravilla.

Después del examen, haga como que le ha salido muy mal, o al menos regular. Es la única forma de triunfar socialmente, ya que la alegría le hace ganar la antipatía de los que están preocupados por su resultado. No ofrezca información sobre cómo debería haberse respondido a una pregunta, a no ser que toda su ambición sea el rechazo social y morir en una cueva solo sin que nadie se entere ni le importe. No le diga a nadie que tenga pinta de echarse a llorar lo bien que le ha ido, o que a lo mejor tenía que haber estudiado un poco más. No, de verdad, recuerde el símil de la la cueva y piénseselo mejor.

Cuando le den los resultados, esté pendiente de a quién le ha ido bien y a quién no. No subestime los logros de los demás aunque usted lo haya hecho mejor. A no ser que alguien haya suspendido rotundamente, no le exprese sus condolencias hasta que esté claro que esa persona está disgustada por ello, en cuyo caso, aunque el resultado haya sido muy malo, trate de encontrar palabras positivas, del tipo de «De todas formas, tampoco lo necesitas para el trabajo que quieres».

Para aquellos que lo han hecho bien: el éxito siempre se debe atribuir a la suerte más que al trabajo duro. Los que han aprobado, después de los arrebatos iniciales de alegría no pueden hablar sobre lo listos que son, y sólo pueden hacer gestos de alegría en solitario. En cambio, sí deben llamar a los padres inmediatamente para que compartan su triunfo.

Padres: no es necesario contarle a todos sus amigos y familiares más de una vez lo bien que le han salido los exámenes a su hijo. Limite las llamadas para celebrarlo a aquellos a los que realmente les importa, en vez de aquellos ante los que quiere vanagloriarse. Como fruto de sus entrañas que es, está tan mal como destacar sus propios éxitos. Puede estar usted muy orgulloso de lo que sus genes han aportado al mundo, pero decirlo es infantil y petulante, especialmente con aquellos padres cuyos hijos tienen menos talento.

Estudiantes: sean amables con sus padres en la ceremonia de graduación. Ellos le han costeado sus años de estudio, de forma que no es el momento de mostrarse avergonzado de ellos.

18.16. REGALAR

Algunos consejos útiles:

- ✏ Si tiene que hacer un regalo para una ocasión especial, asegúrese de que llega a tiempo.
- ✏ Si no está seguro de si la ocasión requiere hacer un regalo, llévelo o envíelo. Si no está seguro de si la persona se sentirá incómoda al recibirlo, por ejemplo porque deje a los demás en evidencia al no haber llevado ninguno, lleve en el bolso o el

bolsillo de la chaqueta un regalo pequeño (unos gemelos o unos pendientes) que pueda entregarle en privado.

- Si está claro que debe llevar un regalo (por ejemplo, en un cumpleaños), piense bien el regalo. Compre algo de acuerdo con los gustos del que lo recibe, no con los suyos propios. El regalo no tiene por qué ser caro para ser efectivo, si es personal y ha sido bien pensado.
- Cuando entregue el regalo, si el contenido puede provocar algo de vergüenza (por ejemplo, si ha comprado lencería) insista en que lo abra en privado.
- No deje la etiqueta con el precio.
- Haga el esfuerzo de ponerle un envoltorio bonito.
- Regale siempre que pueda. Algunos de los regalos más apreciados son los que se dan sin más motivo que la amistad o el amor.

18.17. RECIBIR REGALOS

Si es posible, trate de abrir el regalo inmediatamente. El placer del que regala está en ver su reacción. Manifieste siempre entusiasmo por el regalo. Nunca pida que se lo cambien por otra cosa. Si está abriendo regalos de varias personas en público, trate de mostrar niveles similares de emoción y gratitud por todos los regalos recibidos. Si piensa que algunos han puesto más esfuerzo o se lo han trabajado más, búsquelos más tarde para agradecérselo de forma particular.

No regale a otros lo que le han regalado a usted.

18.18. TEATROS Y ESPECTÁCULOS

Apague su móvil y su agenda electrónica. Si los asientos no son numerados, no trate de reservar más de dos sitios para los que todavía no han llegado.

18.19. ADIVINAR LA EDAD

- Para los mayores de 25, eche siempre cinco años menos de cualquiera que sea la que cree que es su edad de verdad.
- Para los que están entre los 20 y los 25, un año menos.
- Para los adolescentes, añádales dos años.
- Para los niños, trate de acertar la edad exacta.

18.20. CÓMO ACEPTAR UN CUMPLIDO

Dé las gracias y devuelva el cumplido de forma inmediata con otro igual de generoso y auténtico; puede hacerlo más tarde si no le sale ninguno en ese momento de manera natural.

18.21. NIÑOS

Algunos consejos generales:

- Si tiene niños pequeños, es su obligación como padre evitar que molesten a los demás. No son los demás los que tienen que entretenerles. Si alguna agradable persona ha asumido esa tarea, tenga en cuenta que después de 15 minutos debería liberarle a no ser que le esté pagando por ello (por ejemplo, a una cuidadora).
- Enseñe a sus hijos a tener buenas maneras en la mesa, a tener conversaciones correctas, e imprímales la importancia de estar callados cuando es necesario. Tenga buenos modales usted mismo y sus hijos crecerán imitándole.
- Tenga el mismo respeto por sus hijos que el que le gustaría recibir de ellos. No les corte en medio de una frase, por ejemplo, para decir algo usted, y cuando sea posible respete su privacidad y la elección de sus amigos. Diga «por favor», «gracias» y «perdón» siempre que sea necesario.
- Comparta obligaciones con otros padres, asegurándose de que hace tantos favores con sus hijos como le hacen a usted.
- Nunca dé por hecho que sus hijos han sido invitados a algún evento. Si sus nombres no están en la invitación, contrate a una canguro en vez de poner al anfitrión en la incómoda situación de tener que explicarle por qué preferiría no tener a niños presentes.
- Como anfitrión, si quiere dar una fiesta o cena sin que asistan los hijos de sus amigos debe hacer que se corra la voz de que es un evento «sin niños».
- Sea consciente de que a sus amigos, particularmente los que no tienen hijos, probablemente no les apetezca que les cuente con detalle la vida y milagros del día a día de sus niños. Por supuesto que sus hijos son una gran parte de su vida, pero si va a contar alguna historia sobre ellos procure que sea corta y graciosa.

18.22. FAMILIA Y AMIGOS

Es fácil llegar a no valorar como se merecen a los que tenemos más cerca cuando estamos inmersos en nuestra rutina diaria. No obstante, plantéese regularmente si, en la rutina a la que se ha acostumbrado, la distribución de las obligaciones es justa. Además, asegúrese de que la responsabilidad de pagar no recae siempre en la misma persona y que el esfuerzo de visitarse mutuamente es siempre compartido, incluso si alguno vive en un lugar mejor o más excitante. Asegúrese de que ambos hacen el esfuerzo de llamarse mutuamente. Si siente que alguno de sus amigos o familiares siempre se esfuerza más que usted, haga lo que le corresponde.

Por muy cercana que sea su relación con sus amigos o familia, recuerde siempre que su casa es parte de su espacio personal. Avise siempre antes de presentarse en la puerta para asegurarse de que su visita no sea inconveniente, y aunque la frase «siéntete como en tu casa» se intercambie despreocupadamente, nunca lo haga. Por ejemplo, pregunte antes de coger algo de la nevera, tomar algún libro prestado o cambiar la emisora de radio o el canal de la tele. Si toma prestado algún objeto de la casa, con el permiso de su amigo o familiar, devuélvalo tan pronto como haya terminado con él en las mismas condiciones en las que se lo llevó. Nunca se quede algo prestado durante más de un mes, a no ser que le hayan dado permiso explícito para hacerlo.

CONCLUSIÓN

Este libro no pretende que su contenido sea tomado como una lista rigurosa que establezca cuál es el comportamiento correcto en nuestros días. De un día a otro, o de una situación a otra, lo que se considera «correcto» puede cambiar inesperadamente respecto a lo que está escrito aquí. Ser una buena persona con intenciones honorables es siempre más importante que saber qué cuchillo o qué tenedor utilizar en una cena, pero conocer las normas modernas de etiqueta y buen comportamiento es un signo de respeto hacia los que le rodean.

Observe el ir y venir, el ajetreo y el bullicio, la confusión y el caos de la vida diaria, y esfuércese por no atacar las sensibilidades de amigos, familiares, compañeros de trabajo o completos desconocidos. Tome la etiqueta hoy día como un signo de bondad más que de dinero o clase. Considere lo que ha leído aquí simplemente como un punto de partida para ser una persona más considerada.

BIBLIOGRAFÍA

Sobre la mayoría de los capítulos, e incluso sobre muchos apartados de este libro, existen grandes obras dedicadas a esas partes específicas de la etiqueta y las buenas maneras. A pesar de que las reglas sobre las buenas maneras en la actualidad son un concepto cambiante, puede hojear algunos de los siguientes libros para obtener pautas más detalladas:

Blackstone-Ford, J. y Jupe, S. (2007): *Ex-Etiquette for Holidays and Other Family Celebrations,* Chicago Review Press.

Campbell, D. (2001): *The Bride Wore Black Leather... and He Looked Fabulous: An Etiquette Guide for the Rest of Us,* Greenery Books Ltd.

Carlson, R. (2004): *The Don't Sweat Guide to Entertaining: Enjoying Friends More While Worrying Less,* Hyperion.

Charles, M. (1994): *Debrett's Guide to Entertaining:* The Complete Guide of Modern Entertaining, Headline Publishing.

Clayton, N. (2007): *A Butler's Guide to Table Manners,* National Trust Books.

Dallas, J. (2004): *When Homosexuality Hits Home: What to* Do *When a* Loved *One Says They're Gay,* Harvest House Publishers.

Devereux, G. R. M. (2002): *Etiquette for Men: A Book of Modern Manners and Customs,* Bounty Books.

Dresser, N. (1999): *Multicultural Celebrations: Today's Rules of Etiquette for Life's Special Occasions,* Three Rivers Pr.

Fodor (2002): *All About Tipping,* Fodor's Travel Publications Inc.

Glazier (1996): *What Never to Say to Pregnant women: A Guide to Pregnancy Etiquette,* Spectacle Lane Press, Inc.

Kallos, J. (2004): *Because Netiquette Matters!,* Xlibris Corporation.

Kavet, G. y Robin, A. (2005): *Saving Face: How to Lie, Fake and Manoeuvre Your Way Out of Life's Most Awkward Situations,* Simon & Schuster Childrens Books.

Lenius, O. (2006): *A Well-dressed Gentleman´s Pocket Guide.* Prion Books Ltd.

Lucas, S. (2000): *The Art of Public Speaking,* McGraw-Hill Education.
Maggio, R. (2007): *The Art of Talking to Anyone: Essential People Skills for Success in Any Situation,* McGraw Hill Higher Education.
Matlins (2000): *Perfect Stranger's Guide to Funerals and Grieving.* SlryLight Paths Publishing, US.
Mills, Y. (2006): *How to Party: Everything You Need to Know About Throwing a Successful Party,* Rooftop Publishing.
Mole, J. (2003): *Mind Your Manners: Managing Bussines Culture in a Global Europe.* Nicholas Brealey Publishing, Ltd.
Naylor, S. (2006): *The essential Guide to Wedding Etiquette,* Sourcebooks, Inc.
Powell, P. (2005): *Behave Yourself! The Essential Guide* to *International Etiquette,* Insiders' Guide.
Repenski, K. (1998): *The Complete Idiot's Guide to Successful,* Alpha Books.
Roane, S. (2002): *How* to *Work a Room, Fully Revised and Updated: The Ultimate Guide to Savy Socializing In-Person and On-Line,* Robson Books Ltd.
Sinclair, K. (1999): *MobiLe Mayhem: Life, Mobile Phones and All That,* Take That.
Strawbridge, M. (2006): *Netiquette: Internet Etiquette in the Age of the blog,* Software Reference Ltd.
Taylor, L. C., Burgess, V. y Robb, D. (2003): *The Etiquette of Dating,* Gibbs M. Smith Inc.
Taylor, L. C., Burgess, V. y Robb, D. (2003): *The Etiquette of Parenting,* Gibbs M. Smith Inc.
Wainwright, G. R. (2003): *Teach Yourself Body Language,* Hodder Education.
West, K. (2003): *How to Raise a Gentleman: A Civilized Guide to Helping Your Son Through His Uncivilized Childhood,* Rutledge Hill Press, U.S.
Whitmore, J. (2005): *Business Class: Etiquette Essentials for Success at Work,* St. Martin's Press.
—(2006): *Debrett's Correct Form,* Debrett's Ltd.
—(2007): *Titles and Forms of Address: A Guide* to Correct Use, A & C Black Publishers Ltd.

ÍNDICE ALFABÉTICO

J

L

M

N

R

S

T

TÍTULO RELACIONADO

El éxito en las entrevistas de trabajo

Igor S. Popovich

ÍNDICE

Introducción. ¿Qué buscan las empresas? ¿Qué puedes ofrecer? Saber venderse. Tipos de entrevista y métodos de evaluación. Reglas de conducta ante una entrevista. Preguntas, respuestas y sorpresas. Cerrar el trato. Tácticas adicionales. Un consejo final.

CONTENIDO

Se describen los aspectos a tener en cuenta para llegar a ser el candidato con mayores probabilidades de éxito y ocupar el puesto de trabajo deseado. El lector encontrará información de gran valor y utilidad acerca de:

— Qué es lo que piden las empresas.

— Qué es lo que podemos ofrecer, cómo reconocer nuestras cualidades y aprender a resaltarlas durante la entrevista.

— Saber presentar nuestros puntos débiles como un aspecto positivo.

— Los tipos de entrevista y métodos de evaluación. Cómo evaluar al entrevistador y hacer uso de la información en nuestro propio beneficio.

— La mejor forma de reaccionar ante preguntas hechas con doble intención y de difícil respuesta.

El autor explica, paso a paso, y de forma clara y comprensible, las estrategias básicas y las técnicas más sofisticadas para alcanzar el éxito en una entrevista de trabajo. Contiene más de 300 cuestiones que pueden plantearse en un proceso de selección junto a la contestación más aconsejable para cada una de ellas. Además, proporciona unas directrices específicas para las personas en paro y para todos aquellos que quieran cambiar de profesión.

1.ª ed., 1.ª reimp., 2009; 224 págs.; 15,5 x 23 cm; rústica; código: 268004; ISBN: 978-84-368-1925-0

Si lo desea, en nuestra página web puede consultar el catálogo completo o descargarlo:

www.edicionespiramide.es

TÍTULO RELACIONADO

COMUNICACIÓN EFICAZ

Teoría y práctica de la comunicación humana

Guillermo Ballenato Prieto

ÍNDICE

Introducción. Teoría de la comunicación. Barreras en la comunicación. Comunicación verbal. Escucha activa. Comunicación no verbal. Comunicación escrita. Comunicación interpersonal.

CONTENIDO

Una simple frase del tipo «Tenemos que hablar» puede dar lugar a una larga discusión que, paradójicamente, acabe empeorando la relación. La persona que habla, que escribe, que comunica, de algún modo ejerce sobre los demás un poder de influencia que debe conocer y saber administrar.

Este manual destaca la importancia de los aspectos verbales y no verbales de la comunicación. Su contenido nos puede ayudar a:

— Expresarnos con mayor claridad y precisión.

— Reducir y eliminar las barreras que interfieren la comunicación.

— Escuchar y preguntar de forma eficaz.

— Orientar nuestra comunicación en positivo.

— Mejorar nuestras relaciones con los demás.

El autor analiza el proceso de la comunicación, sus diferentes tipos y los factores que afectan a su eficacia. Ofrece también algunas claves para mejorar el proceso de escritura.

En cuanto a la comunicación interpersonal, nos muestra diferentes estilos y cómo desarrollar algunas habilidades sociales. Incluye ejercicios y aporta ejemplos, frases y expresiones, especialmente aquellas que pueden causar rechazo o suponer un obstáculo para una comunicación eficaz.

1.ª ed., 1.ª reimp., 2009; 144 págs.; 15,5 x 23 cm; rústica; código: 268006; ISBN: 978-84-368-2025-6

TÍTULOS PUBLICADOS

- COMUNICACIÓN EFICAZ. Teoría y práctica de la comunicación humana, *G. Ballenato.*
- EL ÉXITO EN LAS ENTREVISTAS DE TRABAJO, *I. Popovich.*
- GESTIÓN DEL TIEMPO. En busca de la eficacia, *G. Ballenato.*
- GUÍA DE LA NEGOCIACIÓN PARA MUJERES, *L. Aramburu-Zabala.*
- HABILIDADES DE NEGOCIACIÓN. Todos podemos ganar, *L. Aramburu-Zabala.*
- HABLAR EN PÚBLICO. Arte y técnica de la oratoria, *G. Ballenato.*
- HAZLO AHORA. No lo dejes para mañana, *T. van Essen y H. C. Schouwenburg.*
- LAS BUENAS MANERAS. Manual moderno de estilo, *E. Cyster y F. Young.*
- RELAJACIÓN, *J. Hewitt.*
- TÉCNICAS DE ESTUDIO. El aprendizaje activo y positivo, *G. Ballenato.*
- TRABAJO EN EQUIPO. Dinámica y participación en los grupos, *G. Ballenato.*